CB069236

SOM do VINIL

UM PROGRAMA   **REALIZAÇÃO**   **PRODUÇÃO**

CANAL BRASIL   MACACOALFA   ímã

APOIO CULTURAL   **PATROCÍNIO**

oi FUTURO   oi   GOVERNO DO Rio de Janeiro — SOMANDO FORÇAS   SECRETARIA DE CULTURA   LEI ESTADUAL DE INCENTIVO A CULTURA

ENTREVISTAS A CHARLES GAVIN

QUEM É QUEM 1973

JOÃO DONATO

SOM do VINIL

A IDEIA JÁ EXISTIA MAS SÓ COMEÇOU A GANHAR FORMA a partir de um encontro com Geneton Moraes Neto numa esquina do Baixo Leblon, sábado de manhã. A certa altura do bate papo eu disse ao jornalista (e amigo) que há muito tempo vinha pensando em montar um banco de dados na internet, onde seria possível compartilhar o conteúdo das entrevistas de O Som do Vinil, algo que muita gente sempre me cobrou.

Desde que começou a ser produzido, em 2007, o acervo foi ganhando valor inestimável, fruto da generosa colaboração dos convidados que revelam histórias sobre suas canções, seus discos e suas carreiras, recompondo nossa história capítulo a capítulo.

Indo mais longe, afirmei: "nesses tempos em que o espaço na mídia televisiva está se tornando cada vez mais escasso para as vertentes da música brasileira, iniciativas como essa acabam se transformando em estratégicos abrigos de proteção à nossa diversidade cultural, expressa através das artes. N'O Som do Vinil, quem conta a história da música brasileira é quem a fez — e a faz".

Geneton ouviu tudo com atenção, concordou e aconselhou: "você tem que colocar isso em livro também. Pense que, daqui há décadas ou séculos, os livros ainda estarão presentes. Eles sobreviverão, seja qual for a mídia utilizada. Tenha certeza: colocou em livro, está eternizado, é pra sempre".

Cá estamos. A ideia se materializou e o projeto que disponibiliza sem cortes, na íntegra, algumas das centenas de entrevistas que fiz neste anos de O Som do Vinil está em suas mãos. Agradeço ao mestre e também a todos que, de alguma forma, ajudaram.

Aproveite. Compartilhe.

Charles Gavin

Um programa do Canal Brasil

Concepção
André Saddy, Charles Gavin, Darcy Burger e Paulo Mendonça

[Temporadas 2007, 2008, 2009 e 2010]
Apresentação, direção e pesquisa Charles Gavin
Direção Darcy Burger
Assistentes de direção Juliana Schmitz, Helena Machado, Barbara Lito, Rebecca Ramos
Editores Mariana Katona, Raphael Fontenelle, Tauana Carlier e Pablo Nery
Pesquisa e pauta Tarik de Souza
Coordenação de produção Crica Bressan e Guilherme Lajes
Produção executiva André Braga
Produção Bravo Produções

[Temporadas 2011, 2012 e 2013]
Apresentação, direção e pesquisa Charles Gavin
Direção Gabriela Gastal
Assistentes de direção Maitê Gurzoni, Liza Scavone, Henrique Landulfo
Editores Tauana Carlier, Thiago Arruda, Raphael Fontenelli, Rita Carvana
Pesquisa e pauta Tarik de Souza
Coordenação de produção Henrique Landulfo
Produção executiva Gabriela Figueiredo
Produção Samba Filmes

Equipe Canal Brasil
Direção geral Paulo Mendonça
Gerente de marketing e projetos André Saddy
Gerente de produção Carlos Wanderley
Gerente de programação e aquisição Alexandre Cunha
Gerente financeiro Luiz Bertolo

No sulco do vinil

QUE O BRASIL NÃO TEM MEMÓRIA É UMA TRISTE CONSTATAÇÃO. Maltratamos nosso passado como malhamos Judas num sábado de Aleluia, relegando-o ao esquecimento empoeirado do tempo. Vivemos do aqui e agora como se o mundo tivesse nascido há 10 minutos, na louca barbárie do imediatismo. Esse ritmo frenético de excessos atropela não só reflexões um pouco menos rasteiras, como não nos permite sequer imaginar revisitar aquilo que de alguma forma nos fez ser o que somos hoje. Como se o conhecimento, qualquer seja ele, fosse tão dispensável quanto aquilo que desconhecemos.

Esse esboço de pensamento não deve ser confundido com conservadorismo ou nostalgia, mas como fruto da convicção de que preservar e, talvez, entender o que foi vivido nos permite transgredir modismos e a urgência de necessidades que nos fazem acreditar serem nossas. Essas divagações estiveram na gênese do Canal Brasil, inicialmente concebido como uma janela do cinema brasileiro no meio da televisão e, posteriormente, transformado numa verdadeira trincheira da cultura nacional em todas as suas vertentes.

A música, por sua vez, chegou sorrateira, se impondo soberana como artigo de primeira necessidade, muito naturalmente para um canal chamado Brasil.

Começamos a produzir programas musicais e shows e a buscar, como havíamos feito com o cinema, uma forma que nos permitisse fazer o resgate do nosso extraordinário passado musical. Recorrentemente falávamos do *Classic Albums* da BBC, pensamento logo descartado pela ausência de registros filmados de nossas clássicas gravações. Mas, como um fruto maduro, esse tema estava não só em nossas cabeças como também em outros corações.

E foi assim que Darcy Burger nos propôs, a mim e a Andre Saddy, em uma reunião realizada em meados de 2006, a produção de um programa que viesse a ser o *Álbuns Clássicos Brasileiros*. Diante da constatação da impossibilidade de se reproduzir o modelo inglês do programa, evoluímos para a hipótese de se criar um formato brasileiro, contextualizado por circunstancias históricas e políticas e depoimentos artistas, músicos e técnicos envolvidos na feitura dos discos, de modo a viabilizar a elaboração de mais que um programa. Um documentário sobre a produção de cada álbum selecionado. Restava saber quem teria credibilidade suficiente para a condução do programa. E essa foi a mais fácil e unânime das escolhas: Charles Gavin.

Charles, além sua historia bem sucedida de baterista dos Titãs, realizava também um trabalho abnegado de resgate de uma infinidade de álbuns clássicos da musica brasileira. Ou seja, assim como Canal Brasil vem procurando fazer pelo cinema, Charles vinha, solitariamente, fazendo o mesmo em defesa da memória da musica brasileira — o que era, desde sempre, um motivo de respeito e admiração de todos. A sua adesão ao projeto, bem como o respaldo propiciado pela luxuosa participação de Tárik de Souza na elaboração de pautas, deram a ele não só um formato definitivo, mas principalmente, o embasamento técnico e conceitual exigido pelo programa.

Nascia assim, em julho de 2007, no Canal Brasil, O *Som do Vinil*. O acervo de entrevistas desde então registradas para elaboração dos programas em diversas temporadas é mais que um patrimônio, se constitui hoje num verdadeiro tesouro para todos aqueles que de alguma forma queiram revisitar uma parte já significativa da história da música brasileira. O

Paulo Mendonça

INDÚSTRIAS ELÉTRICAS E MUSICAIS FÁBRICA ODE
TODOS OS DIREITOS DO PRODUTOR FONOGRÁFICO E DO PRO

SBRXLD-12.409

QUEM É QUEM
JOÃO DONATO

1 - CHOROU, CHOROU (João Donato-
    Paulo Cesar Pinheiro) 2:45

ESTEREO   Lado 1
                       ℗ 1973

- TERREMOTO (João Donato-
  Paulo Cesar Pinheiro) 2:30
- AMAZONAS (Keep Talking) (João Donato) 2:10
- FIM DE SONHO (João Donato-
  João Carlos Pádua) 3:42
- A RÃ (João Donato) 2:35
- AHIÊ (João Donato-
  Paulo Cesar Pinheiro) 3:55

℗ 1973 - ODEON - BRASIL

SMOFB-3785

INDÚSTRIA BRASILEIRA

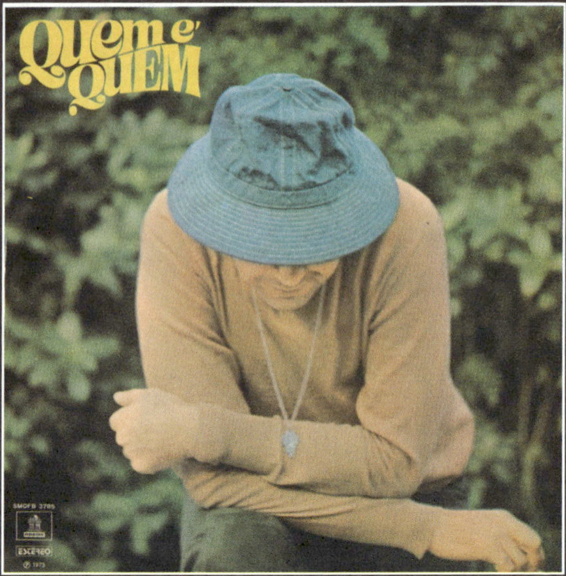
Quem é Quem
SMOFB 3785
ESTEREO
℗ 1973

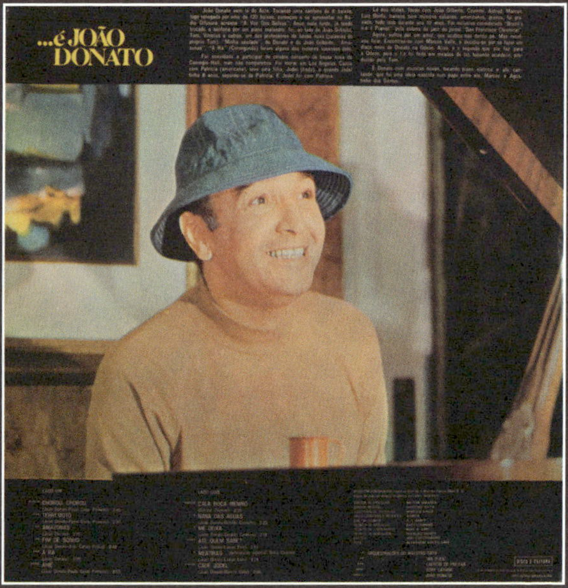
...é JOÃO DONATO

Quem é quem
EMI Odeon, 1973

Produção Marcos Valle
Direção de produção Lindolfo Gaya
Direção musical Maestro Gaya
Arranjos Maestro Gaya ("Nana das águas", "Me deixa" e "Mentiras"), Ian Guest ("Amazonas" e "Fim de sonho"), Láercio de Freitas ("Terremoto" e "A rã"), Dori Caymmi ("Ahiê" e "Até quem Sabe"), João Donato ("Chorou, chorou", "Cala boca, menino" e "Cadê Jodel?")
Gravação Toninho e Darcy
Mixagem Nivaldo Duarte
Layout da capa Joel Cocchiararo
Foto Alexandre Souza Lima

MÚSICOS
João Donato Piano, piano elétrico e voz
Hélio Delmiro Guitarra
Bebeto Castilho Baixo
Lula Nascimento Bateria
Naná Vasconcellos Percussão
Nana Caymmi Voz em "Mentiras"

Tudo começou em Nova York '72 quando me encontrei com meu Dom Um Romão (baterista) e Eumir Deodato (arranjador) — quando g[ravamos] em 6 horas, 6 números instrumentais — gravação esta que atualm[ente] nas paradas de sucessos lá nos Estados Unidos, e se chama DONATO/[DEODATO].
Chegando ao Brasil, na época do Natal do ano passado, em um [papo] casual com Agostinho dos Santos (na casa do Marcos Valle), papo vai [papo vem], Marcos resolveu me convidar para fazer um disco aqui no Brasil, q[ue veio] a ser justamente QUEM É QUEM... é JOÃO DONATO.

Dos 6 temas que gravamos nos EE.UU. DONATO/DEODATO, Agostinho [pediu] que acrescentássemos letras, que mais tarde êle mesmo iria grava[r].
Começamos então a trabalhar todos os dias; eu, Marcos e Nana Caym[mi], na seleção do material, modo de apresentação, letras para as músicas [...] então tive o prazer de conhecer meus parceiros Paulo [César Pinheiro], Geraldo Carneiro, João Carlos Pádua e até meu irmão Lysias Ênio), n[as] gravações (quando tive a satisfação de rever alguns dos meus músi[cos] e também de conhecer "novas aquisições", como o guitarrista Hélio Del[mira], o baterista Lula, o percussionista Nana, o músico Novelli) — trab[alho] que tendo começado em janeiro, só foi terminado em Agosto dêste [ano].

Como se vê, é o meu melhor trabalho em discos até o momento, te[ndo] em conta o tempo que demorou, o que demonstra o máximo cuidado [de que] tudo acontecer, e o resultado é um disco que sinceramente eu ac[ho].
Técnica (Nivaldo e Toninho) parabéns. trabalho sério, com muita[s] coisas sérias (muito difícil acontecer). Love story. Enfim, vamos [...] todos abraçados, gritando ÔBA — como diz o produtor do meu p[rimeiro] disco também para a ODEON, dr. jorge Bernardo Heinnachenflamm (o [outro é] J. Cauzeira). Tempo estável, céu azul celeste, fim de linha, você é [...] Você é indispensável... e isso acostuma.
Muito obrigado aos maestros Gaia, Dori Caymmi, Ian Guest e Tio (Laércio de [...], que f[ez] orquestrações exatamente como eu pedi nos meus arranjos.

Observem as 12 flautas nos números A RÃ e TERREMOTO (qualquer sem[elhança] com uma feira na esquina de casa, é simplesmente intencional) [e] naturalmente uma coincidência em estar compondo esta música momentos antes do último terremoto que abalou a cidade de Los Ange[les]. Rezei forte, e a reza está no disco. Até a voz da Evinha dizendo "[...]dô" está no disco.

Na música AMAZONAS, notem entre outras raridades, o piccolo-trumpete do P[...] harmonica (ou gaita de bôca) do MAURICIO EINHORN — que também colaborou [nos] States — e também uma OCARINA, tentando fotografar [...] região da minha terra — RIO BRANCO, ACRE, [...].
Impressionante a certeza e confiança na voz de Nana Caymmi, na fa[...] afinação

[...] "[...] de série" estão os efeitos de percussão e as vozes de NOVELL[I]

que eu chego, êle está à minha espera (sem reclamar a de[mora])
Não digo nada — acaricio e êle fala. Com passes longos — ra[sos]
e rasteiros. E é cada gol lindo, que nem é bom falar. P[or isso]
eu te amo. Te amo. Love story.

Na faixa CHOROU... CHOROU, é simplesmente sensacional o j[ogo]
uníssono meu e do Helinho no solo. Entramos os dois d[entro]
[do] gol, com bola e tudo, que realmente eu nem sei se o [gol]
si meu ou dêle.

ATÉ QUEM SABE e AHIÊ são músicas românticas, com um ótimo trab[alho]
[d]e cordas do meu amigo Dori Caymmi — cobra bem criada,
[a]s duas cabeças. E as letras se explicam por si mesmas.

[C]ADÊ JODEL? foi escrita e dedicada à minha filha (hoje
[c]o[m] 9 anos de idade) com letra do meu amigo e produtor Mar[ce]lle. Utilizei mais uma vez os "metais" sendo que desta vez
[o]rdin[á]rios do princípio ao fim, para evitar o "barulho"
[usu]al já gostei muito quando eu era garoto e comprava tudo
[e]m disco de jazz — o que muito me influenciou naquela época
[p]ra contribuir com muitas ideias para a criação da tão f[amosa]
[e]ra internacional BOSSA NOVA.

[U]M DE SONHO é realmente uma música para você adormecer a[o som]
[e] já fiz isso. É ótimo. A orquestração é "um banho". As anot[ações]
[sã]o do meu amigo Ian Guest, natural da Hungria e radic[ado no]
[no] Brasil há 8 anos mais ou menos — o que demonstra [a na]
turalidade com que êle trabalha com os nossos temas.

Enfim, "QUEM É QUEM" é lindo.

Bom proveito e feliz fim de sonhos lindos —
[céu] azul celeste — tempo estável — Temperatura
Glória 19°.

P.S. — Ah! ia me esquecendo. O meu melhor "muito obrigado" à m[inha]
querida rainha Elisabeth II e rei Phillip pela oportunidade [de]
fazer uma coisa realmente linda...

Até um dia.

Sempre seu,
João Donato

13 de Setembro de 1973

"Quem é quem"...
é João Donato

Tudo começou em Nova York '72, quando me encontrei com meu amigo Dom Um Romão (baterista) e Eumir Deodato (arranjador) — quando gravamos em, em 6 horas, 6 números instrumentais — gravação esta que está nas paradas de sucesso lá nos Estados Unidos, e se chama DONATO/DEODATO.

Chegando ao Brasil, na época do Natal do ano passado, em um encontro casual com Agostinho dos Santos (na casa do Marcos Valle), papo vai, papo vem, Marcos resolveu me convidar para fazer um disco aqui no Brasil, que vem a ser justamente QUEM É QUEM... é JOÃO DONATO.

Dos 6 temas que gravamos nos E.E.U.U, DONATO/DEODATO, Agostinho sugeriu que acrescentássemos letras, que mais tarde ele mesmo iria gravar.

Começamos então a trabalhar todos os dias; eu, Marcos e Nana Caymmi — na seleção do material, modo de apresentação, letras para as músicas (quando então tive o prazer de conhecer meus parceiros Paulo Cesar Pinheiro, Geraldo Carneiro, João Carlos Pádua e até meu irmão Lysias Ênio), músicos para as gravações (quanto tive a satisfação de rever alguns dos meus músicos favoritos e também de conhecer "novas aquisições", como o guitarrista Hélio Delmiro, o baterista Lula, o percussionista Naná, o músico Novelli) — trabalho este que tendo começado em janeiro, só foi terminado em agosto deste ano.

Como se vê, é o meu melhor trabalho em discos até o momento, tendo-se em conta o tempo que demorou, o que demonstra o máximo de cuidado com que tudo aconteceu, e o resultado é um disco que sinceramente eu acho ADORÁVEL.

Técnica (Nivaldo e Toninho) parabéns; trabalho sério, com muito amor a coisas sérias (muito difícil de acontecer). Love story. Enfim, vamos morrer todos abraçados gritando OBA — como diz o produtor do meu próximo disco também para a ODEON, dr. Jorge Bernardo Heimmachenflam (o popular J. Canseira). Tempo estável, céu azul celeste, fim de linha, você é adorável, você é indispensável... e isso acostuma.

Muito obrigado aos maestros Gaia, Dori Caymmi, Ian Guest e Tio (Laércio de Freitas), que fizeram as orquestrações exatamente como eu pedi nos meus arranjos.

Observem as 12 flautas dos números A RÃ e TERREMOTO (qualquer semelhança com uma feira na esquina de casa é simplesmente intencional) e é naturalmente uma coincidência eu estar compondo esta música momentos antes do último terremoto que abalou a cidade de Los Angeles. Rezei forte, e a reza está no disco. Até a voz da Evinha dizendo "estou com medo" está no disco.

Na música AMAZONAS, notem entre outras raridades o piccolo trumpete do FORMIGA, o harmônica (em gaita de boca) do MAURICIO EINHORN — que também colaborou na gravação dos States — e também uma OCARINA, tentando fotografar em som a região da minha terra — RIO BRANCO, ACRE.

Impressionante a certeza/afinação e a confiança na voz de

Nana Caymmi, na faixa MENTIRA. Também "fora de série" estão os efeitos de percussão e as cores de NOVELLI e NANÁ. Nas faixas 1 CALA A BOCA MENINO, 2 NANÃ DAS ÁGUAS e 3 ME DEIXA (sendo que nesta a censura não nos deixou cantar a letra do Geraldinho Carneiro). No CALA A BOCA MENINO, ouvem-se os meus metais e no ME DEIXA e NANÃ DAS ÁGUAS ouvem-se os 4 saxofones altos do maestro Gaia.

A novidade que eu introduziu no "QUEM É QUEM" é realmente minha voz. Eu sou João Donato — amigo do piano. Ele gosta mais do mim do que eu dele, porque a qualquer hora que eu chego ele está à minha espera (sem reclamar da demora). Não digo nada — acaricio e ele fala. Com passes longos — rápidos e rasteiros. E é cada gol lindo, que nem é bom falar. Porque eu te amo. Te amo. Love story.

Na faixa CHOROU... CHOROU é simplesmente sensacional o joguinho uníssono meu e do Helinho no solo. Entramos os dois dentro do gol, com bola e tudo, que realmente eu nem sei se o gol foi meu ou dele.

ATÉ QUEM SABE e AHIÊ são músicas românticas, com um ótimo trabalho de cordas do meu amigo Dori Caymmi — cobra bem criada, cobra de duas cabeças. E as letras se explicam por si mesmas.

CADÊ JODEL? foi escrita e dedicada à minha filha (hoje com 10 anos de idade), com letra do meu amigo e produtor Marcos Valle. Utilizei mais uma vez "os metais", sendo que, desta vez, "com surdinas" do princípio ao fim, para evitar o "barulho" do qual já gostei muito quando eu era garoto e comprava tudo o que era disco de jazz — o que me influenciou naquela época — para contribuir com muitas ideias para a criação da tão falada e

agora internacional BOSSA NOVA.
FIM DE SONHO é realmente uma música para você adormecer ouvindo. Eu já fiz isso. É ótimo. A orquestração é "um banho". As anotações são do meu amigo Ian Guest, natural da Hungria e radicado no Brasil há 8 anos mais ou menos — o que demonstra a naturalidade com que ele trabalha com os nossos temas.
Enfim, "QUEM É QUEM" é lindo.
Bom proveito e feliz fim de sonhos lindos — céu azul celeste — tempo estável —temperatura aqui na Glória 19°.

P.S. Ah! ia me esquecendo. O meu melhor "muito obrigado" ao Milton Miranda à nossa querida rainha Elizabeth II e rei Phillip pela oportunidade de fazer uma coisa realmente linda.

Até um dia.

Sempre seu,

João Donato

João Donato

Donato, conta pra gente, você voltou para o Brasil mesmo depois de estar morando nos Estados Unidos, de ter feito dois discos que tiveram uma repercussão muito boa lá na imprensa, que são o *A bad Donato* e *Donato e Deodato*. Você acabou voltando para o Brasil por quê? Você estava bem lá!

Eu acho que é a saudade. Eu estava bem, não! Eu acho que por isso. Eu estava bem lá, a saudade predominou em cima de sucesso, fama, reportagens e dinheiro. Eu digo: eu estou é com saudades da mamãe. Digamos assim. Mamãe e adjacências. Então, eu vim por causa disso, saudade da minha família.

Mas você estava com uma vida montada lá!

É! Justamente isso causou esse retorno, a separação do casamento que eu tinha feito com a Patricia, uma americana. E ela ficou com a filha, porque na hora de separar ela foi e me deixou só com o piano. Não tinha mais nada dentro de casa, eu olhei tudo e não tinha nada, nem os quadrinhos na parede. Ela fez questão de me dizer: "você vai ficar sozinho com o piano, porque parece que é isso que você anda procurando". E levou os quadrinhos e até os preguinhos da parede. Eu olhei, tinha um piano, não me lembro se a cadeira do piano ficou. Mas, tinha o piano. Aí fui numa garagem, daquelas garagens que tem dos vizinhos, que todo mundo com as garagens ali diz assim: "pode levar o que não presta mais. O que não presta vai para a garagem". Eu arrumei o resto e falei: "poxa, estou sozinho aqui, agora, dentro de casa, sozinho eu e o piano. Isso que eu gosto, mas espera aí. É impossível você viver sozinho". Então eu resolvi vir para o Rio de Janeiro, rever todo mundo. Principalmente quando eu ouvia o rádio, televisão, os vizinhos conversando, era uma língua estrangeira no meu ouvido. Era uma sonoridade esquisita. Por mais que você se adapte, você se sente estranho, de ter que traduzir durante o caminho da conversa com o outro. E, eu digo: "estou ouvindo rádio e televisão, barulho dos vizinhos. Eu acho que eu não moro aqui não". Aí vim para o Brasil.

Vou voltar um pouquinho ao que você falou, de ficar sozinho com o piano. Era isso que você queria mesmo ou foi sem querer? Aconteceu ou quando você tinha visto já tinha acontecido?

Quando eu vi, já tinha acontecido [risos]. Foi sem querer. Foi um pouco de falta de atenção na coisa, para outra, para outra. Ela disse: "se você quer mesmo ficar com o piano, então fique". E foi embora e levou a menina.

Quando você viu já tinha acontecido...

A língua inglesa, tudo bem. Eu adoro aquilo tudo, mas aí eu comecei a ficar saturado. Acordava. Eu digo: "não estou entendendo". Sintetizou tudo em uma falta de... Cadê a língua portuguesa, cadê os caras, cadê as brincadeiras? Como é que é?! Isso não tinha. Então eu resolvi voltar. Saudade, né?

Você se lembra desses tempos dos Estados Unidos? Você circulava bastante no meio dos latinos que moravam lá. Você tinha muitos amigos músicos, gringos, como é que era?

Todos! Eu tenho todos os amigos em todos os lugares que eu vou. Através da música, ela une, assim, um laço, um passaporte que você não depende muito de regulamentos preeestabelecidos, pelas leis vigentes. A música quebra muitos regulamentos, sem ofender ninguém, sem nada. Ela é uma espécie de religião. O Paulo Moura, por exemplo, esteve aqui ontem. A gente costuma se ver muito, ultimamente. Como era antigamente, que a gente tinha mais tempo para se ver. E ele disse: "eu acho que a nossa função na vida é deixar a alegria por onde nós passamos. Nós somos músicos". Aí eu fiquei pensando que é uma espécie de anjos também, uns seres invisíveis que nos cercam e fazem a gente fazer o que a gente faz e não só ver em nós mesmos. Mas, aqueles anjos celestiais, aquela turma que gosta de uma boa música, de uma boa vibração. Tem uma coisa que deixa você mais doce, mais carinhoso, mais amoroso, mais tudo, né! Aí você pensa: "espera aí! Que negócio é esse?" Nisso, você vai quebrando um monte de regulamentos. Isso não podia! Aí, eu digo: "mas, já foi! Todo mundo..." O cara que tá dizendo isso não podia. Ele tá dizendo isso depois que passou. Então, ele também não é culpado. Ele não deixou você fazer nada. Ele não deixou de não deixar, mas quando você vê já passou o troço, não podia ter passado. É uma espécie de resultado que a música produz. Assim, como a música é relativa ao céu, a Deus, ao Criador. É relativo a isso também, os estudiosos das religiões sérias dizem a mesma coisa. Você passa pelo inferno e quando olha assim, já ficou para trás, você nem se dá conta disso. Não é! O regulamento do Evangelho.

Paulo Moura disse: "eu acho que a nossa função na vida é deixar a alegria por onde nós passamos. Nós somos músicos". Somos anjos também, uns seres invisíveis que nos cercam e fazem a gente fazer o que a gente faz e não só ver em nós mesmos. Aqueles anjos celestiais, aquela turma que gosta de uma boa música, de uma boa vibração. Tem uma coisa que deixa você mais doce, mais carinhoso, mais amoroso, mais tudo, né?

Nesse período que você morou nos Estados Unidos surgiu a sua aproximação com a música caribenha. Esse sotaque você pegou ali naquela época, que antes não tinha. Nos trios era uma coisa bem bossa nova, jazz, né? **Mas quando você voltou, já tinha essa coisa latina na mão.**
A convivência! Você acostuma com a pessoa que vive com você, né? Os hábitos, os modos, os jeitos. Você acaba aprendendo, tudo! O fulano cospe no chão, você acaba aprendendo também. Então a convivência faz isso. Quando eu cheguei na América, procurei logo o Jairo. O Jairo não estava lá. Os meninos do jazz falavam assim: "nós estamos aqui, completamente sem ter onde tocar, sem ter o que fazer. Só tem rock'n'roll, não sei o quê. A gente quer tocar e não pode, não tem onde, você quer encontrar músicos de jazz, vai lá nas orquestras latinas! Tito Puente, não sei quem, mais um monte. Está todo mundo lá!". Então, eu tive que ir, tinha emprego. Se você gosta disso, eu não sei. Acaba se acostumando e acaba gostando com o tempo. Eu também, cheguei nas primeiras viagens de música latina, o primeiro dia... Primeiro que eu não sabia. O camarada fala assim: "você não sabe tocar isso aí não". Eu digo: "ih rapaz! Pensei que era só chegar e tocar isso". Não! Tinha uma série de treinamentos. Eu levei uns foras, assim. E fui procurando o meu caminho. Achava; perdia aqui, ganhava ali adiante. Como o cara lá que me adotou e falou assim: "você é o cara". Eu digo: "rapaz! Mas, eu acabei de ser reprovado agora de tarde". Ele disse: "não! Está tudo errado, o meu negócio é jazz latino, *Afro Cuban jazz*!". Eu digo: "então está parecendo com o que eu quero". Já tinha sido dispensado dos meninos brasileiros, lá no Bando da Lua, da Carmem Miranda. Também você é muito americanizado. Eu digo: "eu não! Eu cheguei do Brasil agora, só que eu trago João Gilberto, Tom Jobim, Johnny Alf na minha bagagem". Aí, não servi para eles também e não servi para

os latinos também. Fui adotado pelos afro-cubanos. Tinha um conjunto afro-cubano com o Mongo Santamaria, Willie Bobo no timbau. Isso foi suficiente para eu chegar lá e dizer assim: "deixa eu dar uma canja!"

E que time!

Rapaz! Eles me convidaram para tocar uma música. Eu tinha acabado de ser reprovado de tarde nessa orquestra tipicamente latina. Eu dei aquelas voltas tristonhas nos quarteirões, voltei. Pô! Não tinha sido aceito na coisa, o que me resta a fazer, perambular pela rua, eu não vou! Mas, é aquela coisa. Não desisti, não deixei de acreditar e ter fé. E acreditar no que eu estava fazendo. Aí, de noite pediram para eu dar uma canja. Eu dei uma canja e o Mongo me chamou assim. O Mongo e o Willie estavam mancomunados para fazer uma orquestra deles. Eles me disseram: "queremos você!". Tinha dissolvido um conjunto chamado Novo Ritmo de Cuba, que tinha ido para os Estados Unidos, mas eles brigaram, como todos os cubanos brigam. Ninguém se entende e cada um vai para um lado. Parecem os brasileiros também, que sai uma caravana e ninguém se entende. O fulano saiu. Também! Brasileiro faz isso. O que é que acontece? Fizeram a orquestra e eu fui tocar com eles. Daí pra frente ficou um negócio de conversar essa linguagem deles e absorver o ensinamento da música cubana. Eu aprendi muito lá. Eu digo: "mas, eu não sei tocar isso". Ele dizia assim: "você vai aprender!" Todos escrevem, todos botam no papelzinho exatamente como é que são as notinhas. Não vai ter erro. Primário". Eu digo: "então eu vou". Aprendi tudo ali com o Mongo Santamaria. Ah! E os outros também, Tito Puente.

Você ficou quanto tempo com eles?

Eu já tinha sido adotado por outro também que acreditou em

mim. O Johnny Martinez, mexicano. Ele estava procurando um substituto para o pianista dele, que estava dormindo em cima do piano. E disse que o camarada estava cochilando em cima do piano. Eu digo: "não acredito! Eu tenho que ver esse troço para acreditar". O cara dormindo em cima do piano, e ele me viu com o Mongo do lado, atravessando a rua. "Ah! O brasileiro!" Aí, o Mongo: "é brasileiro e toca piano". Aí o cara acreditou na história do outro e disse assim: "vai lá amanhã, então, às quatro horas que eu estou fazendo um teste para substituir o cara. O cara dorme durante o 'Mambo Jambo'." Eu fui lá de tarde, ele chegou para mim e disse assim: "tu não sabes ainda, mas o trabalho é seu. Você vai aprendendo no meio do caminho". Quer dizer, sabia que eu ia sentar dentro de pouco tempo. Quer dizer, o cara tinha uma visão boa. Aí, aprendi. Podia ter sete dias. Mas, às vezes a gente encontra uma pessoa que lhe deixa progredir, né? Então, quando eu estava na orquestra dele, o Mongo ligou: "pode vir para Nova York". Aí, eu tive que me despedir. Eu digo: "olha! Lá ele te dá um aviso prévio, né? Quinze dias, eu vou tocar com Mongo Santamaría". Aqueles papos de quem já se tornou amigo, né? Johnny Martinez. Eu morava em uma casinha no fundo da casa dele. Ele arrumou uma daquelas casas que a gente bota em um caminhão e traz inteirinha, não tem que arrumar e desarmar nada. Veio a casa todinha e botou no fundo da casa dele. Coisa de americano para não perder tempo. Não tem nada, é tudo transportável. Então aquela casa que vão demolir por causa da estrada. Opa! Antes que façam isso, bota lá no meu quintal, não custa nada e você tem uma casa para um hóspede, no caso eu. Aí, eu ficava lá tirando onda com ele e íamos para o trabalho juntos. Claro! Pegava a carona dele, ainda não tinha comprado o meu carrinho. Eu aprendi a falar espanhol e castelhano, e mexicano, e cubano, porto-riquenho. Tudo o que aparecia em Costa

Rica, toda aquela coisa. Então, eles todos se misturam muito no Los Angeles. Aí tem toda aquela coisa dos ritmos afro-cubanos, aquelas influências e é o que eu gostava, assim intuitivamente dentro da minha música original, acreana, amazonense, sei lá de onde. Que misturou com essa coisa de carioca, de não sei o quê, paulista. Tem paulistas também que a gente não fala quase neles e eu ia lá aprender muito. Eu, Milton Banana, íamos ver o Marcel Maluco tocar trombone, o Gafieira tocar bateria, o Chocolate contrabaixo, o Azeitona, o Boneca, guitarra, o Pai Alete, pistom, orquestra do Luis César que também me adotou. Eu cheguei lá com a mania de chegar atrasado nos trabalhos. Antigamente, na fase dos devaneios primaveris, eu fui com Os Copacabanas para São Paulo, para fazer uma temporada. Aí, comecei a ouvir Maciel tocar nos intervalos. E aí eu digo: "vão indo que eu já vou! Nisso eu me atrasava na minha chegada no meu trabalho". Na terceira vez Os Copacabanas disseram: "infelizmente vamos trazer um contrabaixista no seu lugar, porque você veio, mas você não está aqui. E o contrabaixista não veio, mas precisava estar aqui". Então, me trocaram pelo contrabaixista que não tinha ido. Eu estava na sanfona, fazia entre uma música e outra num *dancing*, onde a gente tocava para dançar e pagava uma taxa a cada dança. Eu tocava com os Copacabanas, mas estava atrasado para chegar no meu trabalho assistindo Maciel Maluco tocar, com a orquestra do Robledo, um argentino. Robledo Salazar, pistom, Bolão saxofone, Maciel Maluco trombone. Aí, o pessoal diz assim: "você já ouviu o Maciel tocar?" Aí eu digo: "Não!". Os próprios Copacabanas: "vai lá, é aqui perto". Esse "vai lá é aqui perto" me custou um emprego. No terceiro atraso eles me dispensaram. Eu cheguei lá aonde o Maciel tocava, já numa segunda viagem e falei: "fui despedido por causa de vocês. Eu fico aqui assistindo essa música e o camarada lá diz que eu atraso". Começa agora. Eles querem você fazendo aquilo que você gosta de fazer. Pô! Só pode ser isso! Porque eu falei: "eu fico aqui". Aqui, não é. Enternecido, de sei lá o quê, com esses negócios e perco o meu trabalho ali, rapaz. O Luiz César falou: "começou agora!". E ainda disse mais: "vai morar na minha casa". Porque o pianista dele era o Eumir, um outro Eumir. "Eumir toca piano e você vai morar com a gente lá". E eu digo: "mas, por quê?"; "Porque aí, vocês batem um papo". [Risos]. E fui morar na casa do chefe, Luiz César. A gente tocava no Dancing Brasil, lá em São Paulo. Mas, a história é assim, onde você vai gostando muito, os caras vão acreditando. Eu gosto de quem gosta de mim, é por aí. Então eu digo: "poxa! Esse troço aqui é maravilhoso. Pô, que maravilha!" Na hora que eu voltar de novo, as pessoas dizem assim: "olha, lá vem aqueles que gostam da gente". Se eu disser assim: "poxa! Ali o cara me atrasou, porque eu estava aqui gostando de vocês". Então, continuem gostando. É mais ou menos isso.

Diz pra mim o seguinte: foi o Agostinho dos Santos que teve a ideia de colocar letras nos seus temas? Partiu dele?

Foi quem reclamou. "Cadê as letras? Se não tiver, os cantores não cantam! Como é que a gente vai chegar no ouvido das meninas?". Aí eu coloquei a mão na cabeça e disse: "Marcos Valle!". Marcos estava produzindo o disco na casa dos pais. "O cara tá falando que precisa de letra". Marcos olhou para o lado, eu olhei para o lado e disse: "tô ferrado! Vou ter que cantar as músicas que eu ia tocar!".

O plano era fazer um disco instrumental.

Segundo Agostinho: "de novo tocando piano, você já deixou isso tudo explicado há muito tempo. Agora bota cantando!". Aí, eu digo: "ih! Rapaz, então tá!". Foi o que aconteceu. Juntou um monte de gente para fazer as letras porque a gravação já estava pré-estabelecida. Era um prazo pequeno. Aí, juntou uma turma. Dorival Caymmi, Paulo Sérgio Valle, Marcos Valle, Lô Borges, Márcio Borges, João Carlos Pádua, Geraldinho Carneiro. Meu irmão Lysias Ênio sempre querendo fazer letra para mim. Queria fazer letra para mim e eu digo: "espera aí! Você fazer letra? Como é que é essa história de fazer letra?". Juntou aquela turma toda e eu não tinha a menor experiência de como é que se faz isso, fui na casa do meu irmão e fizemos uma cassete com as músicas todas e demos para todo mundo a mesma fita. Que aí, todo mundo fez a letra de "Até Quem Sabe".

E aí?
E aí? Inclusive o Dorival Caymmi. Aí, eu digo: "tô lascado!" Com quatro letras do "Até Quem Sabe".

E como é que você fez para escolher?
Como é que eu vou fazer? Eu liguei para o meu irmão e disse assim: "olha aqui! Eu vou usar um pedacinho da sua letra". Que ele era uma das quatro letras. Eu digo: "eu não gosto completamente disso, nem disso, nem disso. Vou juntar esses quatro pedaços e fazer uma letra". Aí meu irmão disse que se irritou. Era na véspera da gravação, pegou um pedaço de papel, daqueles papeis de pão, lá na casa da minha mãe na Tijuca, na Avenida Maracanã com Rua Uruguai, onde mora a minha irmã agora, que foi quem me ensinou a tocar piano. Ele se irritou e escreveu: "até um dia, até talvez, até quem sabe".

Boa ideia.
Boa ideia. Diz o Boris Schnaiderman, que é um grande cabeça, mora em São Paulo, marido da Gerusa, que também é outra *ex-*

pert em folclore. Ele disse assim: "esse seu irmão descobriu a pérola". Eu digo: "como assim?". Porque os russos são assim, parecem rústicos, mas é a cultura deles. "Ele descobriu uma pérola". Eu digo: "como?". "Esse 'até talvez' não existe, mas é uma joia da língua portuguesa. 'Até talvez' não pode ser, você pode dizer 'até amanhã', 'até hoje', 'até ontem', mas 'até talvez'". Eu digo: "eu posso dizer pra ele que ele é um gênio?". Ele disse: "pode!". Eu disse e ele ficou todo feliz. Assim, como a coisa da letra do "Até Quem Sabe". O Caymmi rasgou a dele e falou: "a letra é desse menino aqui". Não sabia nem quem era.

Acabou ficando a letra dele.
Acabou ficando a letra dele, porque o Caymmi que era o chefão. E quando o Caymmi rasgou a letra dele, os outros ficaram quietos, porque ninguém ia ousar contrariar aquela sabedoria do velho. Aí todo mundo guardou as letrinhas e ele ficou todo feliz por ter sido escolhido por Caymmi e por Boris Schnaiderman. Até chegar o irmão dele e concordar que ele é bom. Porque sempre tem esse negócio de irmãos.

De quem foi a ideia de fazer um disco para a Odeon? E por que escolheram o Marcos Valle como produtor? Foi escolha sua, foi de alguém? Conta um pouco.
Minha escolha! O Marcos eu conheci lá em Los Angeles, quando ele visitou a cidade fazendo a divulgação do *Samba é samba*, que era um sucesso mundial. Ele devia estar vendo como era a letra em inglês, a letra em português, a letra em francês, em holandês. Porque isso como o Tom Jobim fazia, você tem que ver de perto se aquilo realmente faz parte daquela música que como um filho você tem tanto carinho por ela. E o Marcos passando por lá, eu o conheci. E eu me apaixonei por ele. Depois, esse é o cara. Marqui-

nhos, sempre bom de chinfra, bom para qualquer negócio. Talentoso, musical. Quando cheguei no Brasil, eu disse: "Marcos! É o seguinte: eu vou gravar um disco, me ajuda aí a botar uma orquestra junto, que como eu passei dez anos fora eu não conheço mais os camaradas que estão tocando". E o Marcos disse: "vamos lá para a Odeon!".

Ele que chamou o pessoal?
Chamou! Chamou o pessoal. Eu não sabia quem ia tocar. Eles botaram o pessoal junto.

Você acabou até fazendo música com o Marcos nesse disco, não é? "Cadê Jodel".
O Marcos disse que fez a letra. É contando a história da separação. E por aí vai. Ele me contou que fez com uma luzinha de uma vela, que faltou energia elétrica quando ele estava em Búzios. E fizemos outra também. ["Não tem nada não"]. Mas não entrou.

Por que essa música não está no disco?
Não está, mas está na fita que sobrou da Odeon. Podemos ir atrás dela. Sobrou.

Está na fita! E foi gravada?
Está lá!

Que absurdo!
É maravilhosa. O Deodato, eu e o Marcos, nós três.

Essa música é incrível. O Marcos acabou gravando depois.
O Marcos fez depois. Fez com o Azymuth. Marcio Montarroyos também, ele gravou com aquela turma.

Foi uma gravação boa. Já é essa coisa latina sua. Quem fez isso? Por que o Eumir Deodato está nesta parceria? Não é nem parceria, nesse grupo.

Está nesse grupo porque ele é um menino muito bonitinho. Ele é uma gracinha. Ele morou comigo uma semana, lá em Los Angeles. E eu estava gravando *A bad Donato* com esse maluco, que agora diz que está na *Blue Note*. Ele sai de um grupo e entra no outro, né? Esse maluco me chamou para gravar um disco. Aí, eu estou em casa ouvindo as bases. Aquela barulhada de base, mais barulho que os Titãs. Aí, o Eumir toca o telefone e diz assim: "o que é que está rolando aí na taba dos índios?"; Eu digo: "eu tô gravando um disco, rapaz!". Ele ouvindo no telefone, mas a vitrola lá. Eu ouvindo naquela altura Tim Maia. Ele disse: "você não quer que eu vá lhe ajudar, não?". Eu digo: "vem rapaz, demorou!"; "espera aí, que eu vou perguntar à minha mulher se ela deixa. Espera aí! ela deixou. Estou indo, tô chegando aí". Eu estava sozinho em casa. A Patricia tinha saído com a Izabel. Que era aquele famoso estou sozinho eu e o piano. Aquela história. Então, eu e o piano. Tinha uma rede também, que eu me esqueci de comentar que eu já tinha ido no mercado e botado uma rede. Quer dizer, o piano, eu sozinho ficou pouco tempo, porque eu comecei a enfeitar o pavão. Aí já estava com a rede lá. Aí chegou Deodato. Passamos uma semana, quando ele ouviu a primeira música, ele falou: "é funk?". Eu digo: "eu não sei rapaz!". Esses caras ficam atrás de rótulo para tudo o que eu faço. Quando eu estava gravando o *Muito à vontade*, um disco de trio, que eu fiz com o Milton Banana e o Tião Neto, entrou o João Mello no estúdio e falou assim: "mas, isso não é bossa nova". Eu digo: "mas eu não falei que era bossa nova. Vocês têm uma mania de perguntar uma coisa que eu não respondi ainda. Que negócio é esse?" Então, acabou que ele botou aquele açucarzinho, que o americano chama de *swee-*

tening. Ele adoçou aquele negócio porque senão o bicho pegava mais ainda, mas ele adoçou. Estava na época de Jimi Hendrix, Janis Joplin.

Vamos falar um pouco das músicas dos discos. Diz uma coisa, por que "A rã" e "Amazonas" não foram letradas?
"A rã" não tinha a letra ainda do Caetano e o "Tá na hora de voltar pro Amazonas", do meu irmão, eu achei que não ia cantar aquilo.

Acabou gravando desse jeito.
Acabei gravando sem a letra, mas tem a letra dele.

Outra coisa, você que nunca foi cantor, mas teve que cantar. Quem é que te convenceu a cantar?
Todos!

Todos quem?
Todos que estavam ali na brincadeira e falaram: "é mesmo! O cara vai cantar, as letras vão aparecer". E o Tom Jobim disse que gravava e não era para competir com os vendedores de disco. Era só para mostrar como as músicas aconteciam. Isso ele me disse pessoalmente, disse que era só uma vitrine das músicas para as pessoas dizerem: "que bom aquilo, eu fazer dali uma coisa assim". Aí gravavam um mais bonito, um mais bem feito, mais bem arranjado, mais bem tudo, era só uma maneira de demonstrar a música como ela era.

Aí você encarou.
Aí eu encarei.

Você sentiu dificuldade com a sua própria voz?
É! Eu fiquei meio assim: "para quê eu fui dizer que eu ia cantar". Parecia aquela menina que disse que ia pular não sei de onde e chegou na hora e não deu coragem.

Eu te pergunto isso porque hoje ouvindo o disco, tem todo um charme em torno da sua voz, o jeito que está cantando é bastante despojado. Mas em 1973, vindo de uma época de cantores espetaculares, você que não é um cantor, mas assume cantar. Não bateu uma coisa esquisita, assim, de quem ouviu também falar: "esse não é cantor!". Tinha isso naquela época, hoje quase não tem mais.
Tinha! Meus amigos de Paracambi me chamavam de pardal. Porque o apelido do cantor é canário. Eu digo: "não, agora eu tô dando uma de canário"; "Que canário, cara! Você é um pardal, você é uma cambaxirra". Porque voz mesmo não era comparável à voz de alguém. Não podia me chamar de cantor ou coisa nenhuma. Mas, era uma cambaxirra e um pardalzinho.

Outra coisa. Você já tinha se enfiado em estúdios? Com teclados e equipamentos? Que alguns eram recém-inventados, ainda no princípio dos anos 1970.
No início, qualquer instrumentinho era novo. Mas, agora você entra e não sabe o que é que é mais novo o que é que não é.

Porque neste disco aqui, tem outra coisa que é interessante, acho que até por isso a gente está na frente dele até hoje. É no Fender Rhodes o tempo todo, né! A ideia foi sua ou do Marcos Valle? Fala um pouco disso.
A ideia puxou pelo Marcos, o Nivaldo e o Toninho. Toninho era técnico da Odeon, o Nivaldo também, Marcos Valle também. Eu

disse: "eu só gosto de tocar acústico". O cara disse: "parece esse Fender Rhodes". Aí, começa a influência. Você fica influenciado pelos amigos. Fender Rhodes é de lascar, já viu aqui. Aí, o negócio soa bonito e você gosta. Quando eu vi, rapaz, eles tinham me botado no troço, tocando o troço, que tem um som maravilhoso. Mas eles armaram toda a engrenagem. Como é que soa bonito um Fender Rhodes, se der um para mim sai um lixo, mas quando é preparado é outra história.

Eles mexeram.
Eles mexeram nas regulagens todas, aquele *vibratto* no lugar, porque senão fica estranho. E a coisa ficou toda tranquila, do jeito que eu acho bonito. Então, Fender Rhodes é querido.

Explica para quem não sabe a diferença entre tocar um piano (um instrumento acústico) e tocar um Fender Rhodes? Para você, ali na sua mão, como é que é?
O volume do piano acústico está na sua mão, está em você, e o do Fender Rhodes você vai ter que mexer em uma tecla que diz volume alto, volume baixo. E você não vai conseguir fazer isso ao mesmo tempo em que está tocando. E também aquele volume não é real, não é uma coisa que sai do espírito, da alma. Eu não tô querendo tirar o mérito do Fender Rhodes, estou tirando o mérito da eletricidade.

Mas, você gostou do resultado ou não gostou, assim, do que aconteceu ali?
Não, eu gostei.

Eu vou te contar uma história interessante. Quando esse disco foi lançado em CD, foi masterizado em um daqueles

projetos que eu faço para a Odeon de vez em quando. Lulu Santos me encontrou e falou assim: "olha só! Eu comprei aquele disco do João Donato que vocês botaram no projeto. A gente fica horas hoje em dia em estúdio mixando, gravando. Aquele disco tem um som e tem um grave, que no meu estúdio, moderno, não tem. Aquele grave que ele tinha lá em 1973 hoje não tem mais, não sei o quê vocês fizeram". A gente não fez nada, a gente só masterizou o disco. Caramba!

A minha pergunta para você é a seguinte: ele é um disco que hoje ouvindo é absolutamente moderno, e se é moderno é porque não se prendeu a nenhuma moda. Ele se tornou um clássico. Novamente, é moderno sempre.

Até a gravação. Pois é, principalmente a gravação dele. O gravar naqueles processos antigos, nas fitas.

Você lembra como foi a gravação?

Eu sei que tinham umas fitas largas que rodavam. E na hora que enrolava voltava. "Cuidado senão quebra" e quebrava. Aí, tinha que passar a gillete para endireitar as arestas, para colar um pedacinho no outro. Era um processo antigo. Agora, o Cassiano está escrevendo um livro desses que vai vender em banca de jornal, chamado *Quem é quem*. E explicando que nessa gravação, apesar da tecnologia moderna, ele vai contar o porquê que ele está fazendo isso. Com toda a tecnologia. Eu acho que a acústica vai através da eternidade. A maneira de você emitir o som vai acontecer independente do modernismo. Vai ficar eternamente acústico.

Mas, esse começo aqui desses teclados, dessa coisa mais elétrica. Muita gente na época torceu o nariz. Você nunca foi esse tipo de artista. Nunca torceu o nariz pra nada, para nenhuma tendência.

Nada! Eu adoro as novas invenções.

Você não tem, não gosta de rótulo, não se prende a nada.

Eu não gosto de botar nome nas coisas. Isso é isso. Aquilo é aquilo. Isso é rock, aquilo é samba-canção ou aquilo é bossa nova. Eu acho isso terrível.

Você não gosta de botar nome nas coisas, mas a indústria precisa disso; a imprensa precisa disso.

Sim! A gente pode chegar a uma conclusão, mas aí tem que estudar jornalismo e tirar de uma série de historiazinhas, um ganchozinho que começa falando da bossa nova para explicar uma história que tem a ver com a música afro-cubana. Mas, primeiro você tem que dar uma chegada lá em cima para prender a atenção, senão você escreve uma grande verdade e ninguém lê.

Exemplo para a Bíblia: todos dizem que têm Bíblia e ela sempre fechada em todos os lugares. Em todos os lugares que eu vou as Bíblias estão fechadas. Não! Eu tenho a Bíblia, já li várias vezes.

Os pianos estão sempre fechados para não entrar poeira. O meu vive aberto, aberto mesmo. Aparece a harpa dentro dele, aparece a poeira, aparece tudo. É outra coisa, eu não quero fechado só para enfeitar a casa. Não existe, para colocar um bibelô. Não é negócio. O piano está aberto, assim com o sorriso dele está lá! O teclado dele está lá, né? O teclado é sinônimo de dente, né? Eu vou arrumar os teclados. Quando eu vou ao dentista o piano está aberto. Quando eu passo por ali, eu faço um carinho como se fosse um cachorrinho, como se fosse uma pessoa querida. É assim, de tratar a coisa com jeito. Agora, se tiver difícil, cheio de troço e mais uma capa por cima eu vou parar para pensar: "será que vale a pena esse esforço todo?". Aí você desiste só porque a coisa está longe demais. Não é para ficar longe. O piano é aberto. O quê mais era para ficar aberto o tempo todo? Janelas abertas, o que mais? É! Era uma coisa perto do piano.

Os portões!
Negócio de piano aberto. Pois é! Passar ali e sair tocando toda hora. Na hora que chega a hora, de "vamos tocar".

A gente vai tocar daqui a pouco, hein!
Ué! E está tocando. Tem uma revista chamada *piauí*, na qual eu dei uma entrevista outro dia, que saiu no *Fantástico*, porque a repórter lá me ajudou a aparecer bonito no final da história. Aí, ela virou para o vento, virou a página. Sabe quem é o vento, né? Ele virou a página assim. Eu ia sair para não sei o quê, olhei e estava escrito: "aonde é que você vai se você já chegou lá?". Eu achei muito bonito; essa pressa das pessoas, eu fico agoniado só de ouvir isso. As pessoas que ainda têm muita coisa para fazer e ainda não fizeram metade das coisas. Não é para ser assim, acabou a pressa.

Você lembra quem tocou aqui com você? Porque não está creditado aqui.
Eu lembro de todo mundo.

Todo mundo quem?
Hélio Delmiro.

Os pianos estão sempre fechados para não entrar poeira. O meu vive aberto, aberto mesmo. Aparece a harpa, a poeira, aparece tudo. Eu não quero fechado só para enfeitar a casa, para colocar um bibelô. Não é negócio. O piano está aberto, assim com o sorriso dele está lá! O teclado é sinônimo de dente, né? Quando eu passo por ali, eu faço um carinho como se fosse um cachorrinho, como se fosse uma pessoa querida. É assim, de tratar a coisa com jeito.

Quem está na bateria? É o Wilson das Neves?
É o Lula. Não sei o segundo nome dele. É o Lula, ele é baiano, me disseram que ele ficou meio maluco, pulou dos Arcos da Lapa. Pulou lá embaixo. Não morreu nada, era super-homem mesmo. Pulou e caiu em cima de um carro. Como é o nome dele? Nascimento.

Quem é no baixo, você lembra?
Bebeto do Tamba Trio. A rapaziada é essa. Igual àquele disco que nós vamos gravar, piano, baixo, bateria.

Só tem o violão harmônico. Só tem o Hélio Delmiro a mais.
Só tem o Hélio Delmiro a mais.

Agora, fala um pouco desses arranjadores incríveis que estão aqui, João! O Gaya.
O Gaya morava na Odeon, era o arranjador chefe da Odeon.

Por que ele é tão cultuado até hoje? Ele era muito bom? Fala um pouquinho dele.
Como é que eu vou descrever um cara que tem bom gosto? É difícil isso. Ele tinha um bom gosto, uma harmonização. Assim, harmonioso. Quando se diz harmonioso significa, em trocar de miúdos, uma coisa que não agride aos ouvidos, não fere os timbres dos ouvidos. Que existe na música, que eu andei estudando através dos tempos, uma coisa chamada dissonância e uma coisa chamada distorção. Elas são bem parecidas uma com a outra. Só que, quando uma nota bate com a outra que dá uma dissonância é uma coisa; quando ela bate com a nota e dá uma distorção é outra coisa. E o Gaya sabia sobre isso. As coisas deles, quando dissonantes eram harmoniosas e gostosas, e não maléficas. Porque a

música, é preciso que se diga, ela é tão misteriosa que ela pode ser nefasta em certas ocasiões, como diz Gilberto Gil. Você ouve um troço e no meio daquela zoada tem muita coisa ali, não tem só aquilo não. Aquilo até que é bom, mas a mistura de todas as coisas tem muita coisa que não presta ali. Tem muita coisa que não combina e ninguém está sabendo disso, aparentemente, mas está lá. É como um vírus, uma bactéria, uma coisa, um micróbio invisível que te ataca. E você é atacado através da sua sensibilidade, seus ouvidos, poros, tudo que é furinho, você absorve aquele som, que o som penetra. E você passa mal, literalmente mal. Você começa a ficar de um outro jeito, que não é nem o seu jeito, você fica meio animalesco, fica meio feroz, meio valente, quer bater em todo mundo etc. E o outro também fica, aí os dois querem se entender e se desentendem e sai muita coisa ruim por causa de certos tipos de música. Por causa de certo tipo de distorção dentro das coisas. Então, o Gaya entendia bastante desse negócio. Agora, é preciso que se diga: qualquer música, por mais atenciosa que seja, tocada em volume alto ela se nivela a isso também. O volume ideal das coisas. Daí o valor da bossa nova que ela já chegou como quem dizia assim: "estilo bossa nova, menos ruído". Ela conquistou um pouco esse lado que o mundo estava precisando, com essas guerras, essas discussões. A bossa nova chegou um pouco para apaziguar essas irritações, eu acho. Então, a dissonância ela é bonita quando é tocada em volumes baixos. Se você botar uma dissonância em volumes altos distorce. Distorce tanto quanto uma música ruim, nefasta.

Você lembra também então, a gente tem como arranjador aqui o Gaya, temos o Laércio de Freitas.

Esse é campeão! Meu professor e tudo.

O que ele te ensinou?
Ele disse: "eu não posso ensinar nada a você. Eu só posso conversar sobre isso". Eu digo: "como assim?"; ele disse: "faz uma introdução aí para mim". Eu disse: "faz não, vamos fazer".

E o Ian Guest.
O Ian é da Iugoslávia, segundo me disseram. E ele andava pelos corredores da Odeon também. Eu fiquei conhecendo ele, e não sei como, nem por quê, nem quando. E o Ian Guest, eu sei que eu simpatizei com ele. E pedi a ele para fazer um ou dois arranjos. Eu sentia a qualidade que ele tinha. Ele fez os dois arranjos pra mim. Eu não queria me meter em arranjo para não sofrer muito, para dizer: "fui eu que fiz!". O que é isso rapaz?! Qualquer pessoa inteligente pede a quem sabe fazer, e você fica coçando a barriga, que é muito mais moderno.

O Dori Caymmi também, que naquela era arranjador contratado da Odeon também, né? Ele até acabou fazendo um álbum para a Odeon.
Ele fez o "Até quem sabe".

Ele era jovem naquela época, né? Jovem arranjador que prometia. Você chamou ele por quê? Já conhecia o trabalho dele?
É! Porque nessa altura eles também ficam mostrando as coisas. A gente vai pegando informações das pessoas que andam com você. Eu digo: "pô! Esse cara sabe!". Eu não vou chamar uma pessoa que eu nunca ouvi porque fica muito complicado. Então, eu ouvi Dori. Ele até disse pra mim, ele olhava para o Marcos e disse assim: "ele está achando que não vai ficar bom". Porque eu olhava assim, me coçava assim. E Marcos disse: "deixa o Dori fazer

uns arranjos". Coçava. Aí, o Dori falava para o Marcos assim: "ele está achando que não vai ficar bom". Eu digo: "não! Não é isso não". É que eu queria ter a certeza de que aquilo era aquilo. O que vocês podem fazer então? Você faz outro, ele faz outro, ele faz outro. Fica muito Tim Maia. Não era bem assim. Era uma coisa que exigia mais cuidado, em vez de convidar só os amigos. Vou fazer média com as pessoas, essas coisas. Eu convidei o que foi possível de melhor, o que tinha na hora.

De quem foi a ideia do título e da capa ser desse jeito aqui? Você de cabeça baixa, aqui e depois vem a contracapa, você sorrindo. De quem foi essa ideia toda, você lembra?

Poxa! É difícil. Como diz o João Gilberto, ninguém tem uma ideia sozinho.

Conta a história que você falou da divulgação.

Da Paula Saldanha?

Quem teve essa ideia? Milton Miranda não quis que o disco fosse divulgado, não precisava, você se decepcionou com o disco. Conta pra gente!

Não! O Milton, não! O Milton achou que o disco era fantástico. Quando eu fui reivindicar mais um disco, ele falou: "você não vai gravar nada mais. Melhor do que isso nunca mais na sua vida. Como é que você quer outro disco? Mas esse disco não está vendendo direito". Eu digo: "mas eu não entendo mais nada, é o melhor disco e não vende, como é que é essa história?". Bom! Isso eu atribuiria ao fato de não ter havido uma divulgação, ninguém ouviu falar. Eu cheguei a entrar em uma loja e perguntar se ele tinha um disco de João Donato. O cara disse: "não existe isso!". Eu digo: "rapaz! Está falando com o cara aqui". Ele disse: "ah! É que não podemos ter todos os discos que lançam e tal. Agora, os discos são anunciados na mídia, todo mundo sabe. Saiu o disco de 'X'. Então, 'X' fica famoso naquele momento". O pessoal lá da divulgação não queria divulgar o meu disco. Disse assim: "não! O seu disco não vai entrar nesse esquema". Eu digo: "e existe outro esquema? O esquema de divulgação que não tem divulgação. Tem outro esquema que não seja divulgação?". Aí, meu amigo do samba, J. Canseira, meu parceiro do samba "Leitão com farofa", que a gente fez. Ele disse: "se eu fosse você pedia uma caixa de cortesia lá na gravadora..."

Uma caixa de LPs.
LPs. Pegava aquele disco, tirava lá de dentro da capa. Aqueles *long-play*, que parecem um disco voador, jogava pra cima e chamava Paula Saldanha, do *Globinho* na época. Ela filma tudo aquilo. "Paulinha, vem me filmar lançando o meu disco na igreja da Glória". Ela disse "é agora! Lançando mesmo". Aí, chegou aquela equipe toda, juntou assim. Eu tirei os discos de dentro das capas, joguei eles todos assim mas tipo quem está brincando de "viva são João!". E a turma filmando, uns correndo para pegar os discos e eu: "peraí que eu vou ver se ainda guardo um". A turma da equipe queria levar alguma coisa que sobrasse daquela brincadeira. Pareciam fogos de artifício. Aí, foi feita assim a brincadeira, para não deixar de dizer que tinha sido lançado em grande estilo.

Essa foi a divulgação, o lançamento.
Esse foi o lançamento. É por isso que ele teve uma vida relativamente curta naquele momento até chegar o Charles Gavin e ressuscitar o disco.

Mas você lançou ele para a eternidade, né João?
Ad infinitum.

Só para acabar essa história do lançamento do disco. Por que a Paula Saldanha? Por que vocês tiveram que ligar pra ela? Alguma razão específica?
Eu acho que foi o J. Canseira. Ele trabalhava com o Braguinha, famoso João de Barro. Famoso compositor, não precisa explicar mais. E ele teve essa ideia. Vamos lançar isso no *Globinho*. Vamos ligar pra Paula Saldanha, ela vem filmar, lançando o negócio.

Foi ao ar isso?
Eu não observei se foi ao ar, mas com certeza foi filmado. Já filmaram o Jards Macalé pulando da barca Rio-Niterói, porque não lançaram o disco dele também. Ele pulou da barca, pediu pra filmarem. Eu garanto que passa. O cara está querendo provar alguma coisa ali com aquela atitude. "Vou pular do navio lá embaixo. Vocês filmam aí, por favor?". Aí depois sai lá: "lançamento Jards Macalé, direitos humanos não sei o quê". Direito de não sei o quê. Não tinha uma coisa assim? Às vezes o cara encrenca com alguma coisa.

Acho que foi *Aprender a Nadar*, não foi isso?
Aprendendo a Nadar?

Acho que foi esse se, não me engano. O nome do disco era *Aprender a Nadar*.
Então por isso, *Aprender a Nadar*. Ele pulou da barca e pediu para filmar. Ora veja só.

Interessante esse ponto João, porque você fez um disco extraordinário aqui. Tanto que são gerações e gerações de artistas que vêm perguntar coisas para você. Aí você termina, você finaliza seu disco, dá na mão da gravadora, aí a gravadora diz pra você: "ah, a gente não vai divulgar isso". A minha pergunta é a seguinte: a partir desse momento em que não há uma divulgação, uma publicidade do seu disco, seu disco está praticamente morto, ele não existe, não é?
Ele não existe.

E consequentemente culpa-se o artista. Quer dizer, o disco é lançado, ele vai pra loja, porém ninguém sabe que ele existe. Ou seja, ele está em algumas lojas pra vender, mas ninguém sabe que seu disco existe. Logo, como é que uma pessoa vai chegar na loja e pedir o disco *Quem é quem* do João Donato, sendo que ela não sabe que o disco está lá. Eu quero dizer o seguinte, como é que fica, porque você entrega um trabalho incrível na mão da gravadora. A gente está falando dele mais de 30 anos depois, olha que interessante. Você entrega na mão da gravadora, a gravadora não divulga, o disco vai pra loja, não vende bem. Aí você é visto pela direção da gravadora como um artista que não vende bem. Comenta esse fato. Um artista do quilate que você é, faz um disco incrível, mas o pessoal não compreende, não entra na onda, não entende a vibração, não divulga, não sabe o que fazer com aquilo.

Eu diria que é porque eles pré-estabeleceram o que vende e o que não vende. Aí você entra numa das duas categorias. Na de que não vende, era o meu caso. Vende sempre que tem sido assim. Eu entro na categoria que não é pra vender aquele troço. Não é vendável. É como que não tem preço, digamos. Então não é pra vender. Tem a turma que vende muito. Esses têm divulgador, porque vendem muito. Esses vão para as lojas. As lojas quando eles saem, elas mesmo dizem: "manda aqui um bocado, que isso aí tem uma saída rápida". O cara fala: "temos aqui um João Donato". "Não sei quem é, manda mais de fulano, fulano, fulano, porque só tem espaço pra uma certa quantidade de gente". O camarada da loja disse assim: "aqui só vai caber meia dúzia. Eu não posso botar você no meio da meia dúzia. Tem uma meia dúzia que vende e você não vende. Nem ninguém pergunta por você". Eu acho que é por aí. Então eu fiquei na turma dos esquecidos. Assim como a turma de grandes nomes de talentos que estão aí, que não passaram do "eu gostaria de" e não conseguiram ultrapassar, não tiveram a sorte, porque é o fator sorte.

Por que você acha que aconteceu isso com a sua música? Porque por outro lado esse é um disco bem pop, do ponto de vista assim: você está cantando, as músicas são sofisticadas, mas dá para entender, para compreender. E por que você acha isso? Você acha que você é muito sofisticado, sua música é sofisticada? Por que isso aconteceu com você? E nesse território em que você está se colocando, sobre os caras que não vendem, tem muita gente incrível, tão incrível quanto você no escritório.

Foi o que o pessoal da Odeon falou. Você tem o Milton Nascimento que não vende, tem o Edu Lobo que não vende. Então fui fazendo parte de um time que não vende. Tem o Marcos Valle que não vende. Eu digo: "então me bota nesse pessoal aí". Eu não ia entrar na turma que vendia muito, porque não cabia lá. "Milton Nascimento, Edu Lobo, Marcos Valle, ninguém vende nada. E você também não vendeu nada".

E quem vendia naquela época, você lembra?
O pessoal da outra turma.

Quem são?
Os populares.

Da Odeon, especificamente, você lembra de alguém?
Agnaldo Timóteo, um exemplo. Doris Monteiro.

Acho que a Doris vendia bem nessa época.
Eu não sei. Eu sei dizer que tinha a turma que vendia e a turma que não vendia. E eu me situava muito entre aqueles incompreendidos. Era um problema de dinheiro, digamos assim. Seu disco não vai, você também não vai junto. Começa a ficar aquela situação econômica.

Mas a imprensa falou bem do disco na época?
A imprensa falou bem. Aquele Tárik de Souza.

Falou bem do disco?
Falou bem do disco, fez uma resenha boa. Mas ali foi o que me salvou, porque a imprensa tem sido minha companheira através dos tempos. Elas vêm dizendo assim: "o cara é bom, ele é bom, ele é bom...". Na milionésima vez o público já acaba acreditando. É, foi onde eu comecei a acreditar em mim mesmo depois de eu ler tanto jornal sobre mim mesmo. O cara diz: "pô, o cara é excelente, inacreditável". Está todo mundo lendo isso, também. Todos estão lendo a mesma coisa. Então eles passam a acreditar.

Depois eu quero que você mostre essa música, os acordes que você usou no piano. Vamos passar pra próxima. Arranjo do Laércio de Freitas.

Terremoto

Que beleza. Como é que isso aparece assim, na cabeça da gente? Pouco depois deu um terremoto lá em Los Angeles. Durante esse refrão. Eu tô lá naquele piano que não tem ninguém. "... é mamãe com pé na terra, é meu pai com pé...". Na milésima vez, você sabe como é que são esses *loops*, você fica ali dias, talvez. Mas então deu um terremoto lá em Los Angeles. Caiu um hospital de dois andares, o segundo andar caiu sobre o primeiro.

E você estava compondo a música?

Eu estava compondo a música. Eu digo: "que negócio é esse, rapaz, nem isso eu posso fazer sossegado?". Estrondou tudo, relâmpago, o céu ficou preto, as luzes apagaram. Eu nunca vi tudo isso acontecer durante um dia claro. O hospital, o segundo andar, caiu sobre o primeiro andar. Aí chegando no Brasil, Pinheiro fez a segunda parte. Ele deixou o refrão como estava. Ele falou: "eu olhei pro céu, que confusão, toquei no céu com o pé no chão, meu mestre rei foi Salomão".

Arranjo de Ian Guest, a gente tem o maior carinho.

Amazonas

O maior carinho, aquele pícaro trompete.

Por que você deu o nome pra essa faixa de "Amazonas"? O que ela tem a ver com Amazonas?

Olha, eu estava sonhando em Nova York. Antes de gravar um disco que eu fui convidado pra gravar. Então me pediram seis músicas. Aí eu fui pra casa e disse: "ué, que negócio que eu fui falar, seis músicas! Como é que se faz seis músicas, rapaz?". E as datas pré estabelecidas ali.

Aí você foi gravar. E como é que você deu o título de "Amazonas"?

Pois é, rapaz, eu fui dormir e aí ouvi. Eu digo: "peraí, agora eu tenho que acordar, escrever isso aqui, senão já era". Escrevi, fui deitar, dormi, voltei e quando acordei estava lá a linda música. Aí eu digo: "já tem uma!". E o cara: "como é que chama?"; "Amazonas". Eu não sei o que é que me deu na cabeça de falar que era "Amazonas". Alguma saudade de casa. Alguma coisa, alguma saudade da floresta.

Bom esse baixo! É você aqui? Esse baixo é na mão esquerda, não?

Nada, é Bebeto.

Sensacional esse baixo!

Que coisa, né? Sabe que hoje em dia não se ouve esse baixo assim, com a tecnologia moderna.

Não, agora que eu estou ouvindo esse baixo direito. Não tinha ouvido, não. Baixo incrível esse.

Mas aí está na mão de Divaldo, Toninho.

Essa música eu acho uma das composições que você fez que tem mais a sua cara, sua marca registrada.
Eu estou eternamente fazendo esses barulhinhos. Quando tem um que dá certo, eu anoto e boto lá no papel.

A rã

É verdade que essa música você fez pro Stan Getz? É verdade esse papo?
A turma dizia assim: "já viu o Stan Getz, parece um sapo vermelho de tanto beber, um troço". Sabe neguinho que bebe fica avermelhado, né, assim?

Inchado.
Inchado, avermelhado. Parece um sapo. Aí o Sergio Mendes estava na época nos Estados Unidos. Sergio Mendes no auge do sucesso era ele, era segundo lugar; primeiro eram os Beatles. Primeiro lugar naquelas revistas especializadas mundiais. Primeiro lugar de vendagem vinil: Beatles. Segundo lugar, Sergio Mendes. Eu digo: "O cara não é fichinha, não rapaz!" O número dois é o quê? Quer mais o quê? Eu digo: aí, Sergio! A gente sempre se deu bem, né? Pianista com pianista. Sergio: "pô, como é esse acorde?"; eu digo: "não, esse, não, mas aquele outro que você faz, eu quero ver". Então, nos demos bem. Aí, eu digo: "Sergio eu tenho um negócio aqui pra você, uma música. Chama-se 'O Sapo', para homenagear o Stan Getz. Ele disse: "ganzainguê. É aquele sapo bem gordo lá do Amazonas!". Tudo mentira, rapaz, inventando que era o sapo! Aí tem um amigo meu, ele dizia: "eu ouvi hoje aquela música, 'O sapo cururu'". Eu digo: "é isso mesmo, o sapo cururu!".

Bota aí, em português ela virou mulher. É mais bonitinho "A rã" que "O sapo"?
É. "A rã".

Mais elegante. "A rã" é mais elegante.
É mais elegante; com a letra do Caetano Veloso.

Ahiê

"Ahiê, que bonito é você". O César Pinheiro de novo! É da Odeon o artista.
Ih, isso é fantástico. "Ahiê". Essa tem um recado no final escrito pelas minhas próprias mãos. Ficou bonito! Todos os meus amigos daquele momento. Eles até hoje dão cambalhota ouvindo isso.

Cala a Boca, menino

Muito bom esse refrão!
Como é que você descobriu essa música, João?
Qual? Eita ferro! Naná Vasconcelos. Bora gente! Essa música se chamava "Vietnã e Coca-Cola". Era só um rala-rala.

Era só isso.
Era só isso.

Ah, era só isso, "Vietnã e Coca-Cola"! E aí, o que que aconteceu?
Não, estava bom! E a gente ali. Falta o quê? Aí a Nana Caymmi: "… cala a boca menino, que seu pai logo vem…". Eu digo: "que negócio de música bonitinha é essa, Nana?". Ela: "essa é do meu pai". Aí eu liguei pro Caymmi e digo: "Caymmi essa música é tua?"; ele falou: "minha não é, mas eu assumo". Então, tá bom! Aí botei o nome dele lá, porque eu não assumia nada. É música folclórica afro-brasileira. "… cala a boca menino, que seu pai logo vem…". Novelli.

Nhém, nhém é o Novelli que tá fazendo?
É o Novelli, faz "nhém, nhém, nhém". Tem outro que faz "ah, au… ah, au!". Ou seja, brincadeira, ninguém disse pra ninguém fazer o quê, que era pra fazer o quê. A graça das músicas está nisso, você se divertir nelas.

Me Deixa

Geraldo Carneiro, agora. O baixo também é muito bom! É o Bebeto?
Bebeto, é só ele! O Naná foi só pra fazer "ah, au, au, au!". Esse é o Bebeto. Bebeto direto. O Novelli tocou no disco seguinte, o *Lugar Comum*.

Nana das Águas

Está meio improvisado, né, a bateria parou abruptamente.
É, eles botavam aquele biombo. Você não via o cara lá do outro lado. Era meio voo aéreo, não sei como é. Voo de instrumento. Voando com o instrumento.

Quando você está olhando é outra coisa, né? Mil vezes...
Todo mundo tocando junto. E a gravação é praticamente ao vivo. Só o que a gente acrescentou depois foi a voz do cara, que eu não ia cantar e gravar.

Você botou a voz depois.
Eu botei a voz depois!

Isso é muito moderno, cara! Não é moderno, é clássico.
É clássico! O Gaya botou esses 4 saxofones altos, fez um playbackzinho para não tumultuar.

Esse é o Gaya.
O Gaya! O Laércio arranjou "A rã e "Terremoto".

Me deixa

Ih, essa música se chamava originalmente "Rio Branco", minha cidade natal lá no Acre.

Isso é Naná.
Naná Vasconcelos, jogando uma folha de não sei o quê, uma folha

de metal. Puxa vida, estamos em plena selva! Isso é uma desgraça, outro dia eu chorei com esse troço! Eu falei: "Naná, eu chorei rapaz, você fazia: tutuiu, tutuiu". Eu estava desprevenido, vieram lágrimas nos olhos! Ele disse: "ahn! Um tutuiu sentimental, né?".

Parece um pássaro.
Alguma coisa.

Até quem sabe

Bom pra caramba!
Poxa, excelente! Excelente! Ih, caramba, não faz isso, quer me matar?! Botar logo essa música. Essa música todo mundo chega pra mim pra perguntar, por que eu não toquei essa música. Eu digo: "mas não, porque eu vim especialmente pra ouvir essa música". Eu me casei com ela e aí me apresenta a esposa do cara. Eu digo: "rapaz! Só faltam me apedrejar se eu não toco esse negócio!". Todo mundo me conta uma história dessa música. É a música mais gravada que eu tenho.

Quem já gravou essa música?
Todo mundo.

Todo mundo quem? Fala um.
Eu não sei. A melhor gravação que eu acho é a minha. A música, fui olhar o catálogo dos intérpretes que fazem as coisas e quem mais canta essa música são os cantores. Gal Costa canta. Agora eu mandei a letra em inglês para a Diana Krall. Aquela canadense que canta tão bem, para ver se ela gosta e ela faz.

Mentiras

Como é que a Nana Caymmi foi parar no disco?

Mas ela não saía do estúdio! Todo dia ela ia lá, visitar o disco. Ou era o Milton Nascimento ou era eu. Quando passou o Milton Nascimento, ela disse: "eu vinha todos os dias na gravação do Milton Nascimento. Por que não vou poder vir? Não sei o quê, não sei o quê". Aquele jeito Nana. Eu digo: "não, você manda. Desde que você fique comportadinha aí". "Comportadinha o quê, João Donato!". Ela fazia aquela animação. O clima era bom quando ela estava. Não tinha tristeza. Aí eu digo: "então, vais ser obrigada a cantar uma música no meu disco". E ela cantou essa aí que chama "Mentiras", né? "Diga essas coisas todas que eu gosto de ouvir, eu sei que é tudo mentira de você..." Letra do Lysias, o meu irmão.

E tem a ver com ela, a Nana gosta de cantar esse tipo de canção.

É, eu estou devendo uma música para a Nana. Agora, no lançamento do disco do Emílio Santiago. Um que ele gravou com um jeito diferente.

Cadê Jodel?

A letra é do Marcos. Maravilha!

Excelente letra, hein!

É porque eu contei pro Marcos. Ele: "cadê Jodel?"; eu digo: "ih, Jodel foi embora com a mãe, rapaz". Sabe como é que é, separação as mães ganham os filhos, geralmente. Aí contei essa história e ele disse assim: "apagou a luz lá em Búzios e eu taquei uma letra à luz da vela ali."

Chorou, chorou

Paulo César Pinheiro fez a letra. Quando eu perguntei ao Marcos quem é que pode escrever as letras ele me disse para procurar o Pinheiro. Pinheiro morava em São Cristóvão... Essa música não tinha letra, né? Era só blim, blim, blam. Aí o Paulo César fez, "...passo a passo." ele diz que repetia duas palavras o tempo todo. Bonito, hein!

Que acordes são, João, só fala pra gente, por favor!

Dó maior, depois aquele Dó diminuto. Então o acorde maior, a terça e a quinta descem meio ponto cada uma. A base é Dó. Esse diminuto.

O tempo todo você está em Dó, é isso?

O tempo todo em Dó. Aí você trocou uma coisa pela outra. Um Si bemol sus, mas tem que repousar. Volta pro normal. Aí eu digo: "espera aí, distante demais. Nunca esquecer que está no simples". O segredo está em tocar cada pedacinho demoradamente. Não dizer assim, eu já toquei a música inteirinha ou dez músicas inteirinhas se você não passou pelos lugares lentamente. Se fizer devagar você não erra. Não tem como errar.

O Laércio falou que você gosta de usar as mãos no piano bem juntinhas. Você não é daqueles pianistas que fica com uma mão lá embaixo e a outra em cima. Falou que é questão de mérito. Você não precisa de tanto espaço para compor,

nem pra tocar. Não sei se você confirma. Disse que isso vem até de Nat King Cole!

Ô, meu Deus! Eu não sei de nada. Eu sei que eles ficam reparando. O pessoal do Zimbo Trio tem uma escola de música. Aí me pediram autorização, há muito tempo lá para usar um certo material meu nas aulas infantis, de principiantes. Eu digo: "mas o que tenho eu a ver com isso?". Ele disse: "porque 'A rã' foi feita com quatro notas e cabe numa mão de criança". Eu digo: "Ah, malandro, então não precisa, porque criança não sabe fazer isso".

Toca pra gente.

[Toca as notas no piano] Aí está "A rã". Ele disse: "eu vou usar essa música como exemplo para os principiantes, porque só tem quatro notinhas. Aí a mão de uma criancinha cabe ali". Duas notas, terceira, quarta. Acabou, aí volta. Segunda, terceira, primeira e fica aí. Os acordes, você vai ficando enjoado de ficar tanto tempo em um...

Vai harmonizando.

Vai harmonizando, e se for devagarinho, você descobre que existem milhares de acordes que você nunca pensou neles, porque você ia depressa demais. Ela ficou assim. Você descobre que um Dó, Mi, Sol, Dó, Sol, Mi, Dó cabe muito bem. Acorde de Si bemol com sétima. Você em vez de ficar quebrando a cabeça: "como é que se faz isso". Faz um arpejo de Dó maior. E você presta atenção se ele está concordando com você. Aí você faz o que quiser, porque você veio devagar com as coisas. Se passa batido, vai... Passou por tudo isso não viu nada, não deu pra pensar nas coisas. Não deu pra pensar. Analisa o que está havendo aqui. Se o Si bemol vira um arpejo de Dó, vai ser tudo matematicamente dessa maneira em outros lugares. Então você usa, se o Si virou Dó, o

Fá vai virar um Sol. É como se fosse se o A é o B, o B é um C e etc. Então o Fá fica um Sol. Parece lindo e bonito e não é nada, é uma brincadeira.

Dá uma palhinha do "Amazonas".
Eu uso a introdução do Ravel. De uma daquelas valsas dele.

Bom esse acorde!
Bom e muito simples. Tem uma flautinha. Aí começa a música. Era assim que eu chamava Maciel Maluco, aquele que me fez perder o emprego. Ele chegava na janela, a gente sabia, Maciel está aí. Ou Milton Banana, bateria. Porque a gente aprendia o código. O código é [assovia]. Você falava: "porra, tá aí o Milton Banana, porque o Maciel está em São Paulo". Mas se estivesse aqui no Rio eu diria: "então é o Milton e o Maciel, os dois". Em uníssono, que nem as cigarras cantam à tarde. Cigarra canta em uníssono, né? Elas cantam em uníssono, rapaz. Quando elas entram assim, não sei que horas da tarde, é todo mundo junto.

Só uma coisa que eu queria que você desse uma palhinha para gente dessa latinidade que você pegou lá com o Mongo.
Ai meu Deus do céu! Deixa eu ver se eu me lembro agora. Não, eu toco o tempo todo assim. Eu tenho que ver assim, como exemplo.

Do *groove*, da batida mesmo, entendeu? Eu só queria ilustrar o que a gente falou lá atrás.
Tem tantas. É porque são celulazinhas. Tem umas que pegam você, que dizem assim: opa!

Já está pronto.
Bonitinha, bonitinha. Já vem embutido. "Não tem nada, não" "... que só vem pra cá, pra te encontrar... não tem nada, não, pois eu não sou mais do que um João..." Esse é um refrãozinho pra dizer: "você tem razão, que confusão não se vive, não". Você tem razão. Releve, releve, releve meu rei! Olé!⬤

Laércio de Freitas

Você já conhecia o João Donato antes de trabalhar no disco?
Sim. O Donato eu conheci com aquele disco *Muito à vontade*, que foi imbatível. Impressionou-me muito a maneira dele trabalhar. O jeito maroto, moleque sapeca que ele compunha e a assessoria que ele tinha, as pessoas que gravavam com ele, muito junto com ele.

Quem eram?
Não me lembram quem eram. Lembro que o Donato gostava de tocar "Speak Low" no acordeom. Claro, ele tocando acordeom desde moleque, ele se espelhava muito nos acordeonistas norte-americanos. Aqui em São Paulo também eram acordeonistas que trabalhavam esse estilo de música, por exemplo, gostavam do Ernie Felice. Eu tenho um cunhado que tocava acordeom na noite, foi na noite que ele conheceu minha irmã, o Milton Doneti conheceu a Irene, minha irmã. Ele tocava fechadinho, bonitinho e o Donato tinha essa coisa. Eu identifiquei muito o piano do Donato com o acordeom. Eram os mesmos acordes fechadinhos, depois ele evoluiu, com acordes mais abertos, mas a tônica da

música do Donato é essa simplicidade tão útil e tão para as pessoas. O Donato faz o tipo de música que eu acredito que está com e para as pessoas.

Você já tangenciou esse assunto, mas vamos falar um pouquinho sobre isso aqui. O fato dele tocar acordeom, o que isso influencia quando ele está tocando piano? Ele mesmo disse que ele não é um pianista, é acordeonista.
Sim, sim.

O que isso influencia quando o sujeito vai para o piano?
Eu diria que é a maneira econômica do Donato tocar. É o que eu chamo particularmente de som necessário. Não é porque tem oitenta e oito teclas que você precisa tocar todas. Não! Você precisa ter segurança quanto à sua ideia e procurar se esmerar quanto ao resultado a ser atingido. Isso é básico! Em tudo, na vida.

Por "simples" você quer dizer acordes mais simples, menos acordes?
Sim, sim. Mais concisos, não é? É como a história da piada. Lembra que as pessoas gostam e preferem ouvir piadas que já conhecem? Então os acordes que o Donato usa são muito bem centrados na proposta musical Donato. A melodia do Donato é uma coisa muito pessoal. Você vê que as músicas do Donato na realidade são canções, obedecem ao mesmo padrão da canção. É fácil de ser entoado, é ótimo se lembrar, principalmente depois de muito tempo que você não toca e aí você descobre com o passar do tempo, essa fleuma *donatiana*, ela em lugares fechados, ela se amplia. Claro que para nós que estudamos música isso é ótimo, pois que a cada novo sentido musical que nós chegarmos, especialmente dizendo a ritmo, harmonia e melodia, eu procuro

aplicar os novos conhecimentos das coisas que eu já sabia. Meu Deus vira outra música, especialmente a do Donato vira outra música. Sem perder a identidade. A identidade do Donato é uma coisa abençoada.

Fala um pouquinho para a gente das faixas "Terremoto" e "A rã".

Pois é, à época o Donato estava estudando orquestração comigo, no Rio, e nas nossas conversas eu descobri que ele também gostava do vinil do Trini Lopez, no qual tinha quatro flautas muito bem escritas. Posteriormente eu descobri que quem escreveu foi Don Costa. Don Costa que o Donato conheceu, frequentou a casa dele na Califórnia. E o Donato disse: "não, eu pescava com ele. A gente pescava, conversava e tomava vinho italiano." Aí eu disse: "por que a gente não bota?". Quando fui chamado para escrever esses dois arranjos do disco *Quem é quem*, falei: "Donato, vamos botar flauta?", "vamos!". Então botamos, não quatro, botamos seis flautas. Aliás, a dona Odete Ernest Dias está tocando aí. Se não me engano os flautistas foram Dona Odete, o Celso Woltzenlogel, o Copinha e o Jorginho... Jorginho ou Meireles.

O Meireles trabalhava lá.
Sim!

Era artista da casa, né?
Era outra pessoa curiosíssima. Uma pessoa curiosíssima, muito querida, amigo de muitos anos também.

Sim, sim.
E no *Quem é quem* nós botamos essas quatro flautas. Foi muito bom. Os músicos gostaram e é alegre, a letra do "Terremoto",

pode parecer uma coisa *non sense*, mas é uma coisa lúdica. Você percebe que é uma criança grande cantando. O Donato, a criança do Donato é muito bonita. Esse lado moleque, esse lado maroto do Donato.

E "A rã"?

A rã!

Não tinha letra ainda?

Tinha, eu acho que já tinha!

Caetano já tinha feito a letra? Fez depois?

Eu acho que ele já tinha feito, mas no disco do Donato está instrumental.

É! Ele fica fazendo uns vocalizes ali, né?

Pois é! Ele está em casa, no quintal de casa.

O que você acha desses dois temas assim, do "Terremoto" e de "A rã", do ponto de vista da composição musical?

É essa coisa do Donato que eu citei atrás. Essa molecagem, só que séria, né? É um moleque crescido. É essa criança se manifestando. O título "A rã" que era quando ele compôs "The frog", né? O sapo. O sapo não, a rã, a rã é mais bonitinha, "O sapo" gera em algumas pessoas uma certa distância da ideia do sapo.

Dizem que ele compôs essa canção em homenagem ao Stan Getz.

Só ele pode confirmar. E o "Terremoto" é uma coisa interessante, porque me parece cantigas de jogos lúdicos. "Ê, mamãe, com o pé na terra. Ê, meu pai, com o pé no chão." É coisa de criança, você canta para criança e daqui a pouco a criança responde. Responde te dando retorno, isso é importante! "Olhei pro céu que confusão... Com o pé no chão. O meu mestre e rei foi Salomão que me ensinou com o pé no chão. Ê, mamãe, com o pé na terra." É cantiga de criança! Mas é bom isso! Desperta a criança que o Donato tem, a nossa criança aflora. Só que adulta.

Eu estou te perguntando isso, porque "A rã" especialmente é uma composição muito revisitada hoje em dia, muitas pessoas regravaram e cada uma teve a sua leitura...
Houve uma regravação recente, da OSESP, a Banda Mantiqueira e a Monica Salmaso cantando. O arranjo é meu, dentro desse projeto que foi uma coisa muito bonita. Um dia a gente fala sobre ele.

Por que que você acha então, e esse é um bom exemplo, que um artista é reconhecido naquele momento ou não é reconhecido, mas dependendo das canções que ele compôs, que ele escreveu, lá no futuro a coisa adquire uma outra proporção e volta? E agora o João Donato vive uma fase muito boa, não só de reconhecimento, mas de muito trabalho, também, né?
A partir da concepção de uma obra musical muitas vezes decorre um certo tempo, que eu chamaria de um tempo de interação a respeito. Porque o mercado está repleto de muita coisa, muita coisa variada. São tendências que afloram e desaparecem, são substituídas, se modificam, tentam se amalgamar a tendências mais antigas colocando uma instrumentação diferenciada da original, na tentativa de manter essas músicas já sabidas com outro traje, outra roupa. Algumas das roupas não servem. E o bom ouvinte, quem conhece, acaba ainda preferindo a original.

Então dentro disso, por que você acha então, depois de tantos anos, mais de trinta anos, né, a gente tem aqui, que foi feito...

"A rã" continua aí?

É, o disco também, né? Não só "A rã", mas o disco também continua tão atual, moderno. Por que você acha que acontece da música que foi feita na década de 1970, hoje tão moderna e ser referência?

Eu diria que o problema, esse abordado por você, não está na música em si, dessa feita, gravada há trinta anos atrás, mas sim nas músicas que foram feitas posteriormente. Muitas não chegaram a esse nível. O repertório, especialmente a coisa do cantor e da cantora. Há a época em que muitas cantoras na mídia e poucos cantores; de vez em quando isso se inverte e outras vezes isso se equipara. Quanto à concepção das músicas, me desculpe! Setenta foi muito bom! E eu não acredito que, não tenho certeza, posso dizer com segurança que houve muita coisa melhor depois. Alguns compositores, Dori Caymmi, muita coisa boa! Dori, profícuo que é, é um bom exemplo. O Dori não parou de fazer boa música. Não é? Ainda que tendo gravado no exterior, ele se mantém, acredito que mais brasileiros. É como nós nos sentimos e você sabe disso, né? Quando você está fora do país você é mais brasileiro do que aqui. Da mesma forma como os estrangeiros, na maioria das vezes, eles veem nossa música com outro olhar, eles ouvem com outro ouvido, mesmo porque nossa música é única! A música brasileira bem tocada é feita aqui no Brasil! Por mais que algumas pessoas não considerem nossa música como essa arte universal que é! Não se dando conta de que é aqui que está se fazendo! Eu sou realmente contra sair daqui para fazer música brasileira no exterior! "Ah Ah!" Vamos fazer aqui! É o ar que nós conhecemos, que nós respiramos, é o ar que o Donato respira intensamente e passa para a gente com tanta propriedade e com uma identidade tão forte.

Mas o que acontece quando muitos músicos brasileiros aqui não conseguem mercado para trabalhar, não conseguem seu lugar e tem ofertas assim consideráveis, numerosas no exterior?
Lógico, lógico. O próprio público, não é? Muita coisa que já deveria estar sedimentada e no rol do conhecimento e preferência desse público. Ele está aí à disposição. Claro que nesse segmento eu me permito só citar um hiato que houve na cultura brasileira. A história do Brasil. Foi um tempo em que houve uma ruptura no fornecimento de material que fosse substancialmente forte para ser assimilado e agregado ao geral da cultura brasileira. Esse processo que foi interrompido voltou tempos depois. Estamos falando da década de 1970. Estávamos no Rio, fizemos muito bons trabalhos lá. Eu escrevi arranjos para Elza Soares, para o Emílio Santiago, gravei com o sexteto do Radamés Gnattali, substituindo Aída, a irmã dele. E, nesse período havia muita música boa. E o Donato estava nos Estados Unidos, mas fazendo a música que ele sempre fez. Claro que ele gostava de música norte-americana, muito amigo do Clare Fischer, com quem ele gravou um disco aqui. O Clare Ficher introduziu a coisa do *Montuno*, da coisa cubana.

Foi ele que apresentou isso ao Donato, você acha?
Eu acredito que sim.

Essa latinidade que é tão importante na hora...?
Foi um dado que só fez acrescentar à música do Donato, um sa-

bor. Foi um temperozinho. Sabe a pimenta-do-reino que faz diferença? Não muita, né?

Não é muito comum isso com os músicos brasileiros, de incorporar a música latina, especialmente do Caribe ali, trazer para dentro do Brasil. Não é muito comum isso, né?
Não, não, não. Houve a época do Mambo, do Cha-cha-chá. Mas que também foi uma onda que quebrou. As pessoas que puderam curtir, que gostaram desse período, ainda gostam né, não deixaram de gostar. Só que não tem... é bom! Faz parte da cultura geral e o Donato assimilou muito bem essa coisa. As músicas dele, mesmos as composições dele têm sempre um montuninho ali.

Você se lembra das gravações, Laércio? Você se recorda?
Me lembro.

Nessas gravações dessa época nos estúdios da Odeon, lá no centro do Rio, o que você se lembra?
Da Odeon, da RCA, do estúdio Havaí, que ficava lá atrás da Central do Brasil. Me lembro com Erlon Chaves, gravei muita coisa também. Desde aqui nós dois, crias da Tupi, da PRG2 rádio e da PRF3 TV. Foi ótimo isso! E eu me lembro bem dessa década, assim. Tenho muita coisa dessa época. Eu comecei a fazer uma coletânea de arranjos meus. Amigos que têm discos, que saíram em CD, alguns que têm vinil ainda, eu peço para que passem para CD, para ter, afinal de contas é minha história!

O João Donato era muito novinho nessa época nos anos 1970?
O Donato nunca foi, mas ele vai ser sempre moleque. Inclusive no vinil é ótimo. Está ele com a cabeça baixa e chapéu azul, *Quem*

é Quem e na contracapa é ele mesmo!

Quem convidou você para fazer os arranjos? Foi o Marcos Valle que produziu o disco ou foi o João que chamou?

Deve ter sido o João e o Marcos, porque eu trabalhei com Marcos, fazendo com trio eu, o Edson Lobo e o Normando. Nós trabalhamos com Marcos, fizemos shows no Canecão, essas coisas todas.

Você fez mais trabalhos com João Donato, além desses aqui citados, Laércio? Depois disso?

Com o Donato, sim. Há um disco que foi produzido pelo Vartan Tonoian. Foi gravado aqui em São Paulo com a Orquestra Sinfônica, o Donato e o trio, ele, Luiz Alves e Robertinho Silva. Nós temos dois arranjos ali. "Até quem sabe" e… qual é a outra música, meu Deus? Acho que é "Lugar comum". Inclusive eu escrevi uma introdução a título, não de transformar, mas como abertura. É pouco mais longa do que o habitual. E no ensaio, enquanto o Laércio estava na introdução, o Donato pegava a parte e saía esvoaçando.

Você acha que o *Quem é Quem* resistiu bem a essas décadas, é um disco datado, não é um disco datado, é moderno, é um clássico da música popular brasileira?

Eu diria que ele ainda é o João Donato. É João Donato! É muito autêntico, tal qual o primeiro disco dele, né, o *Muito à vontade*, que você ouve hoje, se você disser a quem não conhece que saiu ontem, a pessoa vai correr à loja para comprar, não é? Ele não morre, ele não se modifica. É o Donato! O Donato é isso! Eu gosto muito, ele é exemplo.

A gente não falou da bossa nova, porque esse disco não é só isso, mas vamos falar um pouquinho. Como é que você situa o João Donato primeiro como músico e também como compositor dentro do quadro de criadores da bossa nova?

Eu diria que o Donato não precisou se modificar. Ele não precisou mudar o enfoque das coisas que ele fazia, já vinha fazendo. Ao contrário, muita gente moldou-se no Donato. Na economia exigencial que o Donato tem, isso é da natureza dele. O próprio Donato conversando, ele é econômico, ele com isso não desperdiça ideias e talvez aí a razão de ser tão profícua a produção do Donato e tão incisiva enquanto ideia de compositor; enquanto representatividade musical e mesmo poética. Quando eu digo poética, eu estou incluindo nisso que estou dizendo os parceiros que ele tem. As letras das músicas do Donato, você pode até acreditar que são do Donato, porque são a cara dele! Gil, Caetano, mesmo Paulo Cesar Pinheiro, não é? Poetas. Eles se juntam ao Donato e eu acredito que isso é muito benéfico, porque é uma soma, não para mais, mas sim para melhor. Isso porque há sempre algo a ser melhorado, para a nossa felicidade.

Existe um papo, há muitos anos se escuta por aí, que diz que a batida da bossa nova...o João Donato já tinha essa batida da bossa nova na mão. Ele deveria ter o crédito por essa batida absolutamente nova naquele momento, é moderna até hoje, tinha que ser dado a ele, mas é sempre dado a João Gilberto. É uma história meio confusa, são várias versões, você tem alguma opinião sobre isso?

Eu tenho uma certeza. Essa batida da bossa nova da qual há muitos pais, essa batida tem muitos pais. Essa batida já existe, você ouve coisas do Ray Charles. A da bossa nova é a mesma batida, só está deslocada. Eu acho que descobriram a pólvora. É bom! Se você gosta da namorada, o que você tem que querer saber do pai e da mãe dela? Rapaz, presta atenção na namorada! Criar a batida, não tem que especular, eu não especulo não. Não é? Mesmo porque antes da bossa nova houve muito samba, houve muito samba-choro, houve muitas canções, né? A Bossa Nova só botou uma roupa nova. Seria roupa nova na música brasileira. Mas é válido, porque apareceram muitos compositores fazendo muita coisa boa, muitas ideias boas. O fato de ter nascido e se desenvolvido no Rio de Janeiro, os compositores usaram muito bem aquela natureza exuberante do Rio, falou-se muito bem do Rio. O Jobim, do "Samba do avião", meu Deus! É aquilo! Chegar ao Santos Dumont é aquilo! E sem pressa, afinal de contas na minha cabeça a bossa nova definiu esse ritmo, esse andamento, o que é caminhar na praia, não se corre na praia, né? Ela é tranquila, é sem pressa, vai dar tempo, o mundo não vai acabar ainda.

A gente podia dar uma olhada na técnica do João Donato ao piano. Vamos dar uma olhada nesse assunto. Essa posição fechadinha, assim, típica do acordeom, né?
Essa posição fechadinha o Nat King Cole tocava muito assim. Acredito que Donato também ouviu muito Nat King Cole. Não só Donato como eu, como Ray Charles, Oscar Peterson. O Peterson é um negócio incrível! O Peterson a tal ponto considerável no Nat King Cole que, você deve ter visto, ele chegou a gravar um disco cantando igual ao Nat King Cole.

Como é que pode?
Meu Deus do céu! Eu passei a me interessar por músicas norte-americanas, à parte as canções, à parte as coisas orquestrais, aquele jazz instrumental trio ouvindo Nat King Cole. Foi ótimo! E o Donato tem isso também, ou seja, o Donato usou as coisas

que Nat King Cole, a maneira de Nat King Cole tocar e quando começou a música é dele! Isso é ótimo! É um detalhe que não havia na música brasileira. O Radamés também fazia isso, né? Ele tem um samba, um samba que se chama "Seu Ataulfo". Ou seja, usou uma informação nova, no caso do Brasil e incorporou à música brasileira com resultados excelentes. Então isso é próprio dos grandes criadores, não é? Eu, por exemplo, ouço muita música sinfônica. Procuro ouvir com ouvido crítico e mais do que crítico, analítico, para entender como aquele compositor, aquele arranjador, aquele instrumentador chegou àquela sonoridade que me agrada. Só que eu vou usar isso na minha música! Música do meu país, vou acrescentar esse dado. Aliás, é isso que faz esse Brasil tão grande e tão multicultural. Esse grande caldeirão cuja sopa vai ficando cada vez melhor. Não se preocupe com as coisas erradas, isso é espuma, isso se tira.

Quando você fala que ele toca mais fechado, você quer dizer, desenvolve o tema com as mãos mais juntas, não tão separadas dentro do teclado, é isso que você está dizendo?

Sim! Afinal de contas, não sei se os senhores já se deram conta da relação do piano com o pianista. São 88 notas à disposição. Nós temos dez dedos, a média é 8,8 para cada dedo. Resumo: quem não é o maior tem que ser no mínimo o menos bobo. Não queira dar o passo maior que as pernas. Luiz Eça usou muito bem isso. Mas a quatro vozes, não a cinco vozes, é uma outra sonoridade. Ela fica para o ouvinte um pouco mais clara. Luiz Eça. Ou então ele minimizou usando o mesmo princípio; é onde mais é menos.

Vamos dar uma olhada, por favor, no estilo de compor do João Donato, os acordes que ele prefere, se ele usa com nonas, quintas, décimas... explica para gente.

"A rã" tem quatro patas ou quatro notas só. Ou seja, dada a simplicidade... Lá menor, sete. Ré sete, dois acordes. Lá, Ré. Lá em segunda. Lá, Ré. Ré sete. Dó menor, Dó menor.

Em que grau está acontecendo?

Para o quarto grau. Menor. Não é? Fá sete. É um ciclo de quartas e quintas, né? Aqui é um acorde alterado. Seria já preparando, Mi sete, nona, Dó maior. Voltou ao Dó, só que dessa vez maior. Menor. Si menor. Sete. Mi sete. Uma quinta baixa. Uma quarta acima. Uma quinta baixa. Curiosamente resolvendo no quinto. Há uma variação, outra variação...

O final é maravilhoso!

Ou seja, aquilo que eu lhe disse, quando você adquire o conhecimento harmônico e chega a um grau que é substancialmente efetivo, você pode trabalhar qualquer coisa. Afinal de contas, gente, a música é uma mulher! O arranjo é a roupa dela. Procure escolher uma tonalidade que combine com o olhar dela, com a cor dos olhos, o tipo de esmalte que ela gosta, né? Enfim, trabalhe, quando preparar um arranjo e fizer essa roupa para essa mulher linda que é a música. Procure conceber uma roupa a qual pra ela usar já com galhardia e orgulho, ela não tenha que mudar o jeito do caminhar. Gente, cuidado, presta atenção, faça a roupa para ela! A música agradece.

Qual mão do João Donato é melhor, esquerda ou direita?

Eu não sei, cada uma tem a sua função, não é? Cada uma tem a sua função. Ele exerce muito bem, não é? Ele tocando piano solo.

Uma coisa curiosa, porque há coisas que existem, mas o Donato não toca; você que conhece a música sabe que está ali. Ele só te induz a não se esquecer.

Mas não vai, né?

É. Não está, mas você sente. É um processo de indução incrível.

Interessante!

Sabe!

O Tom é meio assim também, não é?

A coisa do Tom estava muito mais na relação entre a melodia e a contramelodia, não contraponto, mas uma melodia de apoio ao sujeito principal, que a melodia principal é onde os poetas colocam a letra. Só que abaixo dessa melodia, há algo que é importantíssimo, que faz com que ela se ressalte um pouco mais, evidencia. A música americana não tem isso, né? Isso é *show business*! Não é? Isso é bossa nova. Isso é o violão, gente! Esse detalhe! Sei! Estou sabendo o que você está falando, estou gostando muito! É o comentário, é o concordar. Discordar para poder concordar. Só discorda porque ainda não entendeu. É uma prosa entre a melodia principal e a melodia que eu chamo de apoio ao canto.

Muito bem explicado.

Na orquestra usa-se muito isso. Há pessoas que não tem o hábito de prestar atenção a esses detalhes, né? Mas isso já é assunto de uma outra prosa que a gente vai ter.

Para gente encerrar Laércio, a improvisação é uma característica muito forte, né, na música do Donato. Fala um pouco sobre a improvisação, explica um pouquinho.

Sim. E mesmo com uma nota só, né? Essa música o Donato improvisando ele deixa correr. Tem uma coisa assim. Ele deixa uns silêncios, não é? Me parece que ele está e fica olhando um pouco e depois volta a tocar. Isso é bom! Isso é sadio! Acaba valendo no silêncio o que foi tocado. Aquele tempo de interação a que me referi. Quando se conta uma história, está se dizendo um texto. Esse texto tem vírgulas, tem reticências, tem parágrafos, tem outra linha, tem a expressão forte, não é? Tem a preparação da entonação para essa expressão forte. A expressão já é forte, ela não precisa ser dita em voz alta. Se você preparar o ouvinte, ele vai entender. Você pode balbuciar que ele entende, ele está ouvindo a tua história. É como as pessoas ouvem música. A pergunta é aquela velha, precisa gritar? Não.

Muito obrigado pela entrevista, Laércio.
Boa sorte e parabéns pelo programa. Sou teu fã.

Obrigado!
Boa sorte! Parabéns!O

DONATO

PARACAMBÍ

Quem é Quem

MARCOS VALLE

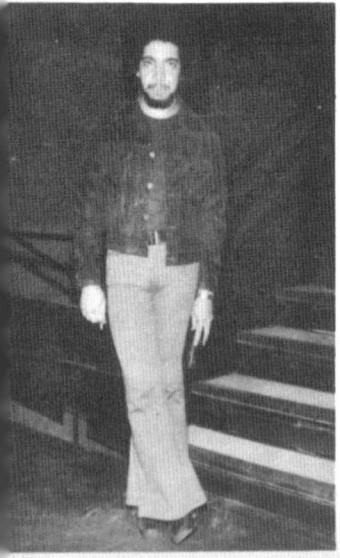

ÉLIO DELMIRO

TONINHO

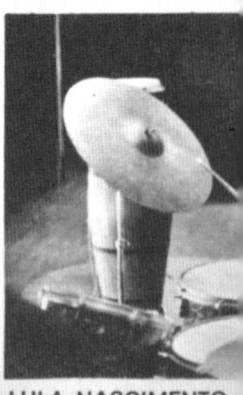

LULA NASCIMENTO

Marcos Valle

A gente vai falar desse disco aqui, você se lembra bem dele?
Bem! Esse disco está bem guardado na memória.

Então, como surgiu a ideia de produzir? Primeiro, como você conheceu o João Donato e como chegou a ideia de vocês trabalharem juntos e produzir um disco com ele?
Eu tinha conhecido o Donato em Los Angeles, quando a minha música "Samba de verão" estourou nos Estados Unidos. Aí eu fui para lá e fiquei uns dois anos mais ou menos, gravando, fazendo uns programas de televisão e nesse meio tempo conheci Donato, que morava não muito longe de mim, eu não sei como que eu fui apresentado, provavelmente por outros músicos e tal. Aí a gente estava sempre junto, ou eu ia na casa de Donato ou ele ia lá em casa e aí ele tocava, eu tocava, a gente trocava ideias bastante naquela época. Aí eu voltei; em 1967 eu fui, voltei em 1969 mais ou menos e Donato ficou. Vim para o Brasil, continuei minha carreira aqui e tal e, quando bateu ali 1970... acho que esse disco do Donato é de 1973. Então quando bateu ali final de 1972 o Donato me ligou. Eu morava na Rua Codajás, onde o Tom depois

veio até ser meu vizinho de frente, eu morava com meus pais, com meu irmão, com Paulo Sérgio e meus outros irmãos. Aí eu recebi um telefonema do Donato, não sei como foi que ele pegou meu telefone, ele disse: "pô Marcos, é Donato.", digo: "Donato você está aqui, que bom a gente vai se ver!", ele falou: "mas eu já estou indo embora", aquele jeito dele. Eu digo: "mas o quê você veio fazer aqui?", era um amor que ele veio atrás e que não deu certo, aquelas coisas. "Aí não deu certo, eu estou indo embora, que eu não consegui nada." Eu digo: "Donato, mas pera aí, mas você já vai embora nos próximos dias?", ele falou: "não, mas estou quase indo embora". Eu digo: "faz o seguinte, deixa eu tentar alguma coisa, não vou te prometer nada, mas deixa eu tentar alguma coisa para você aqui!". Eu gravava na Odeon, que é a atual EMI, já tinha contrato e eu era muito amigo do Milton Miranda, que era o diretor artístico da Odeon, aí eu fui lá, ele gostava muito de mim, falei: "Milton eu vim aqui com uma sugestão, uma ideia! Eu estava pensando, vocês não querem fazer um disco do Donato?"; ele: "não, de jeito nenhum, não. Nós até já fizemos no passado um disco do Donato. Mas ele é muito complicado, a gente não quer se meter nisso não". Eu digo: "mas rapaz o Donato está aí, ele é um craque!". Eu fiquei ali conversando com Milton durante quase uma hora, e falando, e falando e, falando, no final quase sob cansaço o Milton disse assim: "Marcos, você produz esse disco?", eu digo: "Produzo!", ele falou assim: "Se você produzir comigo está legal, só que agora você tem que convencer o Maestro Gaya, que é o outro produtor artístico", eu digo: "ai meu Deus do céu". Lá fui eu, peguei o Gaya, a mesma coisa. Ele já falou: "não! Não quero, não sei o quê, não sei o quê". Mais meia hora consegui! Liguei para o Donato, digo: "Donato, você não vai mais embora não". Ele falou: "O que houve?", digo: "você vai gravar comigo! Está tudo certo meu amigo, vai gravar um disco, eu vou produzir esse disco, venha aqui para casa, traga o material." E aí Donato foi lá para casa, a primeira vez trouxe aquele material todo. Por uma coincidência, nesse dia, o Agostinho dos Santos, o saudoso Agostinho, estava lá em casa, porque era um festival em que ele ia cantar uma música minha. Estava Agostinho lá e vem Donato, traz aquele material todo e eu falei: "Agostinho, vou produzir um disco com ele.", "Que beleza!". E aí foi aquela festa, né. E Donato começou a mostrar umas fitas em que ele tinha cantarolado as músicas, ele tinha trecho daqui, não tinha a primeira parte, outra não tinha a segunda, uma confusão, quase tudo sem letra, praticamente sem letra, mas ele cantarolava, e de vez em quando até falava umas coisas. Eu comecei a ouvir aquele negócio e eu falei: "Donato, primeiro lugar é o seguinte, vamos ter que organizar esse material, porque você tem música com a primeira parte, não tem segunda; tem segunda, não tem primeira, tem que ver quem é que vai fazer letra para isso tudo. Mas essas coisas que você está falando aí, esse bar da esquina, essa cerveja, não sei o quê, eu vou querer que você fale isso no disco, porque isso é que eu acho legal!". O Agostinho me olhou e disse assim: "você está pensando a mesma coisa que eu?", eu digo: "Dele cantar?", ele falou: "é!", eu digo: "exatamente!", ele falou: "mas eu estava pensando a mesma coisa ouvindo essa fita". Eu digo: "você vai cantar, Donato! Você não vai só tocar, esse disco é para você cantar! Vamos botar você cantando exatamente com esse seu jeito, falando essas coisas que você fala. Eu quero manter esse clima aí que eu estou ouvindo, isso que eu quero trazer para o estúdio". Ele topou. E assim fizemos, distribuímos as letras entre o irmão dele, o Paulo Cesar Pinheiro, entre outros, eu fiz letra para ele e uma vez organizado aquele material todo começamos a ir para o estúdio da Odeon para gravar. E aí só foi curtição, eu procurei chamar músicos que eu achava que tinham a ver, o Bebeto, de

Ficou um disco absolutamente bonito, eu fiquei super feliz e te digo mais, tive um prêmio depois disso. Fora o prêmio de fazer o Donato ficar no Brasil, isso já me dá uma alegria muito grande. Só que voltei aos Estados Unidos, em 1975, e encontrei Tom Jobim. Quando entrei na casa de Tom, a primeira coisa que ele fez, abraçado e chorando, foi dizer: "eu quero te agradecer pelo disco que você fez com Donato. Muito obrigado pelo que você fez por ele".

baixo, tinha outros músicos, uma série de músicos que nós conseguimos ali de comum acordo, botei ele tocando Fender Rhodes, que ele gosta e eu gosto também, muitas vezes eu estava do lado do Donato no estúdio sentado, tem até uma música que a gente toca a quatro mãos que eu não me lembro qual é. O disco acabou correndo de uma maneira maravilhosa, chamei Nana Caymmi, Novelli e aquela participação toda e ficou um disco absolutamente bonito, que eu fiquei super feliz, muito feliz mesmo e te digo mais, eu tive um prêmio depois disso. Quer dizer, fora o prêmio de fazer o Donato ficar no Brasil, porque o Donato nunca mais foi embora. Quer dizer, ele ia embora, ele continuou com a carreira dele até hoje. Isso já me dá uma alegria muito grande. Só que depois eu fui outra vez para os Estados Unidos e quando eu fui, em 1975, encontrei Tom, eu fui na casa do Tom. Quando entrei na casa de Tom, a primeira coisa que ele fez, ele me abraçou chorando, ele disse assim: "eu quero te agradecer pelo disco que você fez com Donato. Muito obrigado pelo que você fez por ele", aí eu digo: "serviço cumprido, maravilha", quer dizer, por isso que te digo que esse disco está guardado com muito carinho na minha memória.

Por que os músicos que participaram da gravação não têm crédito?
Ah! Isso é um problema. Isso é porque naquela época eles não botavam, era uma coisa que não tinha créditos para os músicos, eu não sei, a gente não notava isso. Quando eu comecei a notar isso, comecei a falar com a gravadora. Mas não era comum ter os nomes dos músicos. E quando você tenta relançar, quando a gente fez o relançamento do *Quem é quem*, até no Japão, tivemos que começar a lembrar de tudo, quem era, quem tocou, foi um trabalho minucioso e absolutamente necessário. Mas eu não sei.

Naquele tempo havia uma política de não se colocar os nomes dos músicos e era uma coisa totalmente errada. E é estranho, porque logicamente, quem gosta de Donato, quem gosta da minha música, quem gosta da música do Tom, enfim de nós todos, o cara quer saber quem toca, como foi feito e tal. Mas aí nos relançamentos a gente teve maior cuidado, muita coisa a gente não lembrava. Para te falar a verdade, até nos meus primeiros discos quando foram relançados, eu liguei para o Eumir Deodato, que fez a orquestração, e dizia pra ele: "Eumir, quem foi mesmo, cara?"; é difícil você lembrar de todos os músicos. Mas eu procurei fazer uma coisa muito cuidadosa tanto com o disco dele, como com os meus discos, de tentar lembrar a maioria das pessoas que estavam ali participando e colaborando para a qualidade do disco.

É, é verdade! Como é que foram escolhidos os arranjadores? O Gaya, o Ian Guest, o Laércio, o Dori e o próprio Donato, como eles foram escolhidos e por que tantos?
Porque a gente queria dar uma certa variedade no disco. Logicamente o Donato tinha que fazer alguns arranjos dele. Quando chegou a parte de orquestração, onde tinha cordas, essas coisas, aí a gente achou que era bom pegar alguém que realmente tivesse esse conhecimento técnico, foi quando pegamos o Ian Guest, que é um professor de música, professor de quase todo mundo, tinha um curso ali de música com Antônio Adolfo, todo mundo gosta do Ian e ele tem a técnica total. Então, a minha ideia era manter o Donato totalmente naquele disco, tinha que ser ele em tudo! Não queria que nada mudasse. Então, quem fizesse a orquestração teria que estar seguindo os ensinamentos, o caminho que ele indicasse. Ian Guest foi perfeito nessa história, e o maestro Gaya, que tinham sido uns dos que eu tive que convencer ali.

Ele depois de ser convencido, era um grande fã de Donato. Eu achei que seria legal naquele momento, fora, logicamente, a qualidade do Gaya. O outro arranjador que a gente citou?

Laércio e o Dori.

Laércio e Dori. Bom, Dori é uma coisa muito pessoal. Eu comecei com o Dori; eu, Dori e Edu Lobo, nós começamos juntos e eu adoro o Dori, as harmonias do Dori, os tipos de arranjos que ele faz é uma coisa de qualidade, bom gosto e eu acho que como ele gosta muito do Donato... É importante nesses trabalhos pessoas que se gostem; não adianta você chamar um cara maravilhoso, mas que mal conhece o cara, de repente não funciona. Existe um disco do Tom com Nelson Riddle, o Nelson Riddle é maravilhoso, mas eu não gosto do resultado, porque não casou. Já com o Claus Ogerman foi perfeito. Então eu acho que o negócio desse disco era isso. Eu achei que o Gaya ia perfeito, depois daquele papo todo, o Ian Guest, o Dori...Então voltando ao Dori, ele é um cara que tem um tremendo bom gosto e adora o Donato. Já era mais um para participar. E o Laércio de Freitas, que é um músico maravilhoso, já tinha feito coisas, tinha trabalhado comigo em discos meus, e falei: "você gostaria de fazer?"; ele falou: "oh, adoraria!". Falei para o Donato: "Donato, você gostaria de fazer com Laércio?", ele: "perfeito!". Aí fechou. Ali nós fechamos a tampa com aqueles quatro arranjadores para dar uns sabores diferentes. Por que o sabor? Porque no fundo, a coisa central era o Donato, nada ia mudar muito, mas eram coloridos diferentes aqui e ali que eu achava que podiam compor o disco como fizeram.

E o resultado foi bom.

E o resultado foi muito bom.

Bom, e o Milton Miranda? Ele assina como diretor de produção, ele fez essa função mesmo?
Na verdade quem tocou mesmo foi o Donato, né. É o que eu estou dizendo, uma vez outra eu estava ali no piano a quatro mãos, mas o disco é do Donato, eu fui apenas produzir, ajudei a fazer os arranjos, a produção, mas Donato tocando, tem uma ou duas que eu dou uma canja, digamos assim. Agora a coisa da produção como você está falando, da mesma maneira que havia essa coisa de não se falar de músicos na época e de não botar nome, havia algo parecido quando você produzia. Hoje, por exemplo, quando você produz um disco, quando alguém me chama para produzir, é produzido por Marcos Valle. Se tiver um diretor artístico, como tem em cada gravadora, então fica como diretor artístico, mas produzido por Marcos Valle. Naquela época não era assim, embora a produção tenha sido minha total, logicamente com o apoio da EMI, tem o apoio do diretor artístico do Milton e tudo, mas ficava como se eu fosse, não sei como é que está, assistente de produção? Não sei como aparece.

Diretor de produção.
Diretor de produção, então era isso. Na verdade eu sou o produtor do disco, mas havia também esse esquema que o diretor artístico ficava quase com o nome produtor, esse nome aí que foi colocado, mas na verdade a produção foi minha mesmo.

Essa ideia dele cantar que você teve, que você comentou, você e o Agostinho...
É! Agostinho dos Santos.

Foi a estreia dele como vocalista? Ele já cantava? Já tinha cantado?

Não, eu nunca tinha ouvido falar. O Donato, bem antes de eu começar em música ele tinha aquele conjunto vocal, eu não me lembro se era Garotos da Lua [Bando da Lua], e me parece que ele tocava acordeom, ele devia fazer um vocal ali, um vocal aqui, eu tenho a impressão que sim, mas acho que depois disso ele nunca mais cantou nesse tempo todo que eu conheci, depois até nos Estados Unidos, era sempre como instrumentista. Quer dizer, deve ter cantarolado alguma coisa ali no passado, mas assumir uma coisa de cantar mesmo, de jeito nenhum, ele não tinha feito. Eu gosto do jeito dele que ele canta, intuitivo, junto com o piano, é como o Tom que canta junto e o Donato tem aquele jeito ingênuo, ao mesmo tempo balançado. Então eu achei que valeria a pena e parece que deu certo, que ele continua até hoje cantando. Estivemos aí juntos em shows pelo mundo afora, foi meu convidado em alguns shows na Austrália, em Londres, ele está sempre cantando e sempre funciona, as pessoas gostam muito.

Como foram as sessões de gravação, Marcos? Quanto tempo durou? Como é que foi tecnicamente, em quantos canais vocês gravaram?

Eu tenho a impressão de que nós gravamos aquele disco, não sei se em quatro ou oito canais, acredito que talvez tenha sido em quatro canais ainda.

Onde?

Nos estúdios da Odeon, que ficava no Edifício São Borja, ali na cidade, onde tem aquele cinema Odeon, ali eram os estúdios, aliás maravilhosos. O som que se conseguia, que os técnicos conseguiam com quatro canais, até mesmo com dois canais, quando eu comecei, era fantástico. Uma vez eu mostrei um disco que eu tinha gravado em quatro canais para o pessoal do grupo Chicago e quando eles ouviram, eles: "quantos canais?", eu digo: "quatro". Os caras queriam me matar: "mentira! Tu é mentiroso, que quatro, ninguém grava...", mas é verdade, era assim. O disco do Donato eu tenho quase certeza de que foi gravado em quatro. Logicamente, gravei primeiro a base, o molho é tudo, né? A alma do disco é a base, mesmo que seja cantado, que no caso dele era a maioria, o molho está ali, não adianta você botar uma base mais ou menos, "depois a gente ajeita", não ajeita nada. Se você não tiver alma, meu amigo, pode botar um corpo bonito por cima que daqui a pouco vai aparecer que não tem. Então, a alma é Donato, aquele balanço, a gente achar a jogada de batera junto com o baixo, aquelas coisas de música latina, cubana, samba e tal, que eu tenho muita influência disso, então conheço bem essa história. Essa alma era importante deles pegarem. A percussão eu coloquei depois e toda a orquestração vinha em função, em cima disso, mas primeiro era só a base.

Quanto tempo durou?

Pois é, eu tenho impressão de que esse disco deve ter demorado, porque o problema é o seguinte, ele não seguia todo dia, às vezes Donato não estava no clima, eu tinha que lidar com o Donato. Quer dizer, Donato é uma pessoa especial de se trabalhar e eu conheço bem ele. Agora ele está muito mais tranquilo, mas naquela época ele estava meio assim. Então, você tem que saber quando ele ia render no estúdio, quando ele não ia, às vezes chegava lá não rendia, eu digo: "vamos parar. Chega! Deixa para amanhã". Nesse processo eu tenho impressão, já não me lembro tão claramente, que esse disco deve ter demorado um mês. Agora, quando do estava no estúdio rolava, quando ele estava bem para tocar, aí rolava maravilhosamente bem porque todo mundo se curtia, quer dizer, não era uma coisa de ficar repetindo *take*, porque ali eu queria captar aquela primeira impressão dele de improviso, então não se repetiu muito. No estúdio, os dias em que estava todo mundo tranquilo, bem, a coisa rolou perfeitamente e depois botar orquestração, essa coisa toda, mixagem, mas eu tenho impressão que deve ter sido assim mais ou menos um mês. Aliás, agora me lembrei de uma coisa vendo esse piano aqui, que ainda está sem a tampa, daqui a pouco vai chegar o afinador para botar a tampa. A fotografia foi tirada nesse piano, só que ele estava na minha casa no Leblon, lá na rua Codajás, com aquele boné. A gente teve a ideia daquele boné assim, a gente começou: "Peraí, como é o nome?", eu digo: "Quem é quem! Quem é quem? Não sei o quê...é Donato...", e foi tirado nesse piano, que eu tenho há cinquenta anos, e que Donato tocava tanto, os ensaios foram feitos nesse piano aqui. E foi ali que nós tiramos a foto, mas foi um mês, para te responder.

Um mês naquela época já era um tempo grande para se gravar um disco.

Era um tempo grande, mas a gente tinha uma vantagem, que era a gravadora Odeon. É diferente hoje em dia, porque quando você vai gravar um disco hoje você paga o estúdio, o tempo do estúdio, o tempo do técnico. Então realmente quanto mais tempo, o dinheiro está correndo, mas ali o estúdio era deles, então você tinha todo o tempo necessário, e os funcionários, tudo correndo naturalmente, o técnico, quer dizer, então não tinha essa perda de dinheiro. Isso era uma coisa boa também. E o Milton Miranda quando eu fui gravar esse disco do Donato, ele sabia que isso ia acontecer, não ia ser aquele disco tão burocrático e "vambora", por isso mesmo que ele relutou, mas ele sabia que era necessário rolar o clima, toda emoção, isso que era a grande mágica do disco. Por esse lado não teve problema nenhum.

Uma pergunta do Tárik para você: "É verdade que os temas instrumentais foram distribuídos por letristas para dar alguma chance dos cantores gravarem Donato?"
Não. Olha, sinceramente, naquele momento não pensamos nisso, eu não pensei nisso, nem me lembro de ter conversado com Donato sobre isso. A gente não pensou. Eu acho que a gente pensou mais de cantar e botar o Donato cantando, para ter mais chance da música aparecer, porque logicamente música instrumental é sempre muito bom, mas um disco totalmente música instrumental, principalmente naquela época, é complicado. Hoje em dia é mais fácil, até fiz o meu *Jet Samba* aí que no ano passado, ano retrasado, deu certo, mas naquela época era muito difícil. Sinceramente, não. Se o Donato pensava isso, também não me lembro nunca dele ter comentado, a nossa ideia, o objetivo era pensando naquele disco mesmo. Agora, logicamente, hoje você falando isso as chances foram ótimas disso ter acontecido, mas sinceramente esse não foi um dos motivos que fez Donato cantar e colocar letra.

Como nasceu "Cadê Jodel"?
Ah rapaz, "Cadê Jodel?", isso é muito interessante. Quando eu conheci Donato lá nessa época que eu te falei, eu conheci ele com a Jodel. Jodel era uma gracinha, tinha seis anos de idade, linda, linda, e o Donato adorava Jodel! E aí eles se separaram. Separou da Patricia, que era mulher dele, que era americana, separou do Donato e foi embora, foi morar em São Francisco, e ele ficou em Los Angeles. Ele ficou absolutamente triste, ele me ligou um dia chorando, me dizendo assim: "pô tô aqui sozinho, minha famí-

lia se separou, eu só tô aqui com meu piano. Me levaram tudo. E nem o banco do piano eu tenho, eu tô tocando ajoelhado". Nunca me esqueço disso. Rapaz, eu fiquei muito triste ouvindo isso, eu peguei aquela tristeza, um cara emotivo, eu digo: "caramba!", eu fui lá conversar com ele e tal. E ficou a imagem da Jodel, porque eu conheci aquela menina tão linda e aí quando chegou a hora do disco, entre as músicas ele falou: "você não quer fazer uma letra também?", aí eu peguei duas letras, uma foi o "Não tem nada não", que não entrou nesse disco que é a história do amor que ele veio para o Brasil. O "Não tem nada não" que eu botei no meu disco. "Não tem nada não" é a história que ele tinha vindo para cá atrás de uma garota, que a mulher disse que não queria ele aí eu disse: "não tenho nada, eu sou apenas um João!", eu fiz a letra baseado nisso e fiz o Jodel, totalmente pensando nela "ai meu Deus, cadê Jodel?". "Sinto tanta falta de Jodel, ela se foi da cidade, com seis anos de idade." Foi totalmente uma letra emotiva, me lembrando daquela menina, até hoje eu me lembro da Jodel com seis anos de idade, nunca mais vi a Jodel. Então foi uma coisa assim, foi baseada na emoção que o Donato tinha me passado na separação dele e na minha própria experiência de ter conhecido a menina com seis anos.

Você fez a letra e ele fez a música?
A música é dele. Ele já tinha a música. Era um tema instrumental dele; entre os temas instrumentais que ele estava me mostrando para botar no disco do *Quem é quem*, era um deles, então eu digo: "vou colocar uma letra nessa música."

Vamos perguntar do "Não tem nada não", por que essa música maravilhosa não entrou nesse disco e entrou no seu?
Eu não sei te dizer exatamente por que não tem, porque a ideia

era entrar no disco, mas eu acho que à medida que a gente foi gravando a gente estabeleceu mais músicas do que a gente gravaria. A gente fez assim "vamos gravar!", eu pensei: "em vez de gravar só o número *x* vamos gravar mais duas ou três, para gente ter exatamente opção." Como os temas eram longos, por exemplo, eu deixei muito correr *fade out*, aquela coisa quando vai para o final em vez de terminar logo, não, deixa rolar os climas e tal. Então as faixas começaram a ficar longas. Aí a gente teve que tirar duas músicas e por algum motivo o "Não tem nada não", ele falou: "Então deixa isso para o seu disco", eu ia gravar logo o meu disco em seguida, ele falou: "então grava você essa aqui". Eu acho que ele tinha gravado, em um disco, ainda sem letra. Porque com "Não tem nada não" o que acontece é o seguinte, ele me mostrou e disse assim: "essa música eu me baseei em cima de uma melodia tua", de uma música chamada "Os grilos", que Astrud tinha gravado, aí ouvi e quando ouvi que ela tinha aquela melodia eu falei: "sim, mas essa melodia na qual você se baseou é um arranjo do Eumir", eu falei: "então essa música também é do Eumir!", ele falou: "então é do Eumir também!". Aí eu liguei para o Eumir, eu digo: "Eumir, essa música é de nós três", aí eu ainda fiz mais uma parte musical, completei e fiz a letra. Então acho que por causa disso, com a chegada dele recentemente ele falou: "não, então você grava..." esse foi o motivo. Se bem que depois ele gravou isso várias vezes, né? Eu acho que foi uma parceria muito boa, mas nesse disco ficou de fora.

Onde descobriram o "Cala a boca menino" de Caymmi e por que ela entrou no repertório do disco?

"Cala a boca menino" foi uma ideia da Nana. A gente estava no estúdio e estava a Nana, o Novelli, baixista que tocou com o Milton, tocou comigo e tal, é de Recife. E a gente estava lá, sei lá, pensando, tocando, brincando nos intervalos e daqui a pouco a Nana puxou, aí a gente começou a tocar. Aí falei: "pô, esse troço é bom para caramba! Que troço bom! Vamos rolar, deixa rolar." Quando começou a rolar aquele clima, eu digo: "cara, essa música tem que entrar nesse disco! De quem é isso e tal, quem é que fez?"; "Domínio público? Então vamos gravar, o que você acha?", digo: "cara, isso vai se encaixar perfeitamente no disco, mas vamos botar o Novelli cantando!". Uma voz meio rachada que ele tinha, e aí sim foi uma curtição no estúdio, acho que a Nana lembrou, o Novelli lembrou de outro pedaço e a gente começou a tocar e quando a gente viu, eu digo: "essa música tem que estar no disco!". Talvez por isso tenha saído "Não tem nada não", que acabou entrando e não deu intervalo para outras músicas entrarem, mas eu achei que se casou muito bem ali no disco, depois foi ampliada essa música inclusive.

Alguns DJs usam, não é?
Pois é.

Por que a "Amazonas" e "A rã" não foram letradas? É verdade que "A rã" foi uma gozação com o Stan Getz, que o Donato fez com o nome de "The Frog"?
Olha rapaz, se foi nunca me informaram, eu não sei. Sinceramente eu não sei. "Amazonas" é um clássico, né? Ela é uma música que se tornou um clássico de instrumental. Acho que não cabe mais você botar uma letra, acho que ela já falou por si. Sinceramente, eu acho que ela não tinha que ser. É diferente, por exemplo, da própria "A rã" que mais tarde Caetano fez, porque ela pede! "Amazonas", ela é mais melódica, e não precisa, já foi estabelecida. Esse é um dos motivos que eu achava que ela já tinha vida ali, nem pensei nisso. No caso de "A rã" eu também não achava,

o Sergio Mendes já tinha gravado, apenas como vocal, mas sem letra e o Donato quando ele me mostrou, ele fazia um negócio, eu digo: "cara, esse nhém, nhém, nhém, isso é mágico! Vamos botar isso, quero essa música com esse lance que você está fazendo!", tanto que eu explorei isso no disco muito, né? Então eu não pensei em letra mesmo, porque eu digo: "eu quero isso aqui! Eu quero isso." E tem uma hora que eu gravo, aí eu tiro a base e deixo assim, porque eu queria exatamente fortalecer esse lance. Então esse foi o motivo, sinceramente, o porquê que eu não pensei em letra para esse disco foi por causa disso.

Tornou-se uma das marcas do Donato.
É uma das marcas dele até hoje.

E um João Donato cultuado, né?
Exatamente. Isso aí!

Cultuado. Reza a lenda que ele próprio se apresentou para fazer a divulgação do disco e a gravadora Odeon, naquela ocasião, falou: "não se preocupa com isso, porque é um disco de prestígio, não precisa vender." E terminou que ele saiu da gravadora depois, mas ele foi para a Philips, mudou de gravadora por causa do Guilherme Araújo etc. e tal. Isso é verdade, na divulgação desse trabalho? Que às vezes acontece isso, a gente está fazendo, por exemplo, o *Estudando o Samba* do Tom Zé, que as pessoas só perceberam esse disco quinze anos depois, doze anos depois. Esse disco do Donato, naquela ocasião, não foi percebido; como é hoje percebido?
Não, não foi. Realmente, tem vários discos dessa época que não foram, até discos meus também que foram percebidos de manei-

ra muito melhor tempos depois, não tenha dúvida. O que aconteceu é o seguinte, não sei se é um caso exclusivo do Donato, eu não sei essa parte da promoção, porque aí eu já não acompanhei. A minha parte foi da produção do disco até o final, a parte de promoção eu não sei. O que acontecia é que a gravadora EMI, a Odeon — e eu sei disso por causa dos meus discos —, quando eles faziam nossos discos, não se esperava que vendesse. Eles tinham um *cast* que era para vender, que estava sempre a cargo de outra direção artística, que eram mais encaminhados mesmo para o lado comercial e existiam os discos de prestígio que se sabia que iam ser os artistas que iam continuar sua carreira pela frente, que tinham carreira. Então era o caso dos discos do Donato, do João Gilberto, do Taiguara, o meu, do Milton Nascimento e vários outros. Quer dizer, não se esperava uma grande venda desses discos, se esperava um prestígio realmente que puxasse, até uma boa venda, mas uma venda regular, não aquela venda "tem que vender tudo agora!". Não! É um disco para vender ao longo dos anos; não se sabia que ia vender ao longo de tantos anos, isso ninguém podia imaginar, mas sabia-se que era uma coisa feita culturalmente, quer dizer, de bem feito, com qualidade, estava se buscando a qualidade. Então no caso dele, eu acho que talvez o que tenha acontecido, se foi isso que aconteceu, ele pode ter dito: "não, eu quero que esse disco aconteça, que exploda!" e os caras explicaram: "não é bem assim, deixa que a coisa vai rolar normalmente"; ele, talvez na ansiedade de querer fazer a coisa rolar mais, digo de acontecer, talvez ele tenha entrado um pouco em conflito com isso, que depois ele conseguia mais isso com o Guilherme Araújo, quando foi ali com Caetano, que começaram a fazer a letra, aí realmente começaram a dar mais atenção ao nome dele. Mas eu acho que não é o caso dele, acho que era uma coisa mesmo assim da época, quando se gravava um disco bem feito, de qualidade.

E que ficou. A maioria desses artistas que você citou, incluindo você, está aí há trinta anos.
Exatamente. E os discos sendo lançados e relançados e assim foi.

Por que a Nana Caymmi foi escolhida para cantar nesse disco?
A Nana gostava demais do Donato, Donato gostava demais da Nana, não me lembro se já nessa época eles estavam namorando, já não me lembro mais. Eu tenho a impressão que eles já estavam namorando, se não foi ali, foi logo depois, ou foi um pouquinho antes. Então eles tinham um envolvimento muito grande, quer dizer, um envolvimento pessoal também. E musical, aí parte-se também de uma admiração que tanto eu e Donato tínhamos e temos pela Nana. A Nana é uma das maiores intérpretes brasileiras. Canta para caramba! Então somando tudo, a presença dela ali, e a voz feminina é legal, uma faixa a Nana cantando e cantando, ela ia dando aquele negócio que ela faz, que ela canta e tal. Então a presença dela era vital, por três motivos, pela voz feminina linda que ela tem, pela excelente intérprete que ela é e pelo envolvimento pessoal que tinha com o Donato e comigo também, porque eu conheço a Nana, como eu te falei, desde o início, quando eu comecei com o Dori, adoro a Nana. Tinha tudo a ver também ela estar presente nesse disco.

Vamos falar sobre as parcerias. Paulo César Pinheiro, Geraldo Carneiro, João Carlos Pádua, você. Por que foram escolhidas essas pessoas?
Isso aí foi uma sugestão, principalmente do Donato, ele estava querendo caminhar por esse lado, que eu achei perfeito, quando

ele foi citando as pessoas, eu achei perfeito que ele fizesse isso. Cheguei a citar até que meu irmão Paulo Sérgio fizesse alguma coisa também, mas no final não entrou, porque ele já tinha distribuído. Na verdade até aconteceu que tinha alguma coisa que eu tinha pensando em dar para o Paulo Sérgio pelo que ele falou, mas ao mesmo tempo deu para outro letrista, depois a letra ficou muito boa e então a gente partiu. Mas isso fui eu que segui, embora eu tivesse dado opinião, até Agostinho também, mas eu acho que os nomes, todos os nomes citados por ele eram perfeitos e ele achava que tinha a ver com o trabalho dele e eu digo: "então tudo bem", a única coisa que eu fiz foi escolher quem faz o quê. Eu disse: "essa aqui é para ele, essa aqui é para esse, essa aqui é para cá. Vamos ver que tipo de letra, qual estilo mais dele, vamos ver qual vai se adequar melhor." Eu tive esse trabalho, mas a escolha dos nomes no caso partiu muito mais do Donato, eu procurei seguir o que ele tinha falado.

E o Lysias Ênio? Foi a estreia dele como letrista.
Foi a estreia...é exatamente! Isso foi também um pedido do Donato.

"Mentiras"?
"Mentiras". Pedido do Donato, ele falou: "Lysias é meu irmão e eu queria que ele fizesse uma letra comigo". E mais uma vez eu digo: "perfeito. Eu não faço música com meu irmão? Então está na hora de você fazer com seu irmão também". Tudo isso foi uma sugestão dele, essa parte de letrista, inclusive do irmão dele, que depois foi ótimo, eles passaram a fazer várias músicas. Isso tudo foi um caminho que eu procurei seguir por sugestão do próprio Donato.

Marcos, como é você vê hoje esse disco?

Olha, eu acho que tudo que você faz com objetivo de qualidade e isso é uma coisa que se aplica à bossa nova, que hoje, cinquenta anos da bossa nova, e quando eu vou lá para fora, nas minhas turnês as pessoas me perguntam: "por que a bossa nova, como é isso?". Tantos anos depois... Isso se aplica ao Donato. Quando você faz uma coisa buscando a qualidade, as possibilidades disso anos depois estar dando certo são muitas. Não é garantido, tem coisas que às vezes você faz que depois somem, mas as possibilidades são muitas, como foi com a bossa nova, que a gente se reunia toda semana na casa de um, na casa de outro e a gente queria fazer uma música que impressionasse o Tom, eu queria impressionar o Tom, o Edu queria impressionar Carlinhos Lyra, Menescal. Era um tal da gente querer impressionar uns aos outros, aos próprios compositores, então isso é o que deu a qualidade. No caso do Donato também é um disco que foi a busca da total qualidade, eu queria buscar, fazer um disco o melhor possível, como eu era fã do Donato, eu queria extrair dele o máximo possível e como tirar dele isso no estúdio? Porque às vezes, exatamente pela personalidade dele, às vezes ele não rendia, porque ele não estava à vontade, ele tinha que estar muito à vontade e tal. Isso aí foi a busca da qualidade. Então por isso eu acho que teve a chance de acontecer o que aconteceu com esse disco, de anos e anos depois as pessoas continuarem a enxergar e ver que a gente fez aquilo exatamente com essa busca da qualidade. E é meio atemporal, porque o *swing* dele, que ele fazia, é o mesmo *swing* que ele faz hoje; se a gente fosse regravar, muitas coisas eu tenho feito com o Donato, como por exemplo, quando a gente vai fazer lá fora, a gente faz a dois pianos, eu estou no Rhodes, ele está no piano, ele está no piano, eu estou no Rhodes. A gente no fundo está fazendo aquilo, é aquele balanço dele com o meu balanço, que é uma coisa só. Muitos anos se passaram, mas o balanço, o *groove* é o mesmo. Por isso eu acho que esse disco tem essa importância, as pessoas continuaram a ouvir, depois o nome do Donato tomou força, na Europa as pessoas passaram a valorizar muito o que a gente fazia, o Donato, o meu trabalho, o trabalho do Azymuth, o trabalho da Joyce. Isso fez as pessoas olharem atentamente e procurar entender cada coisa. Isso tudo tem um charme, uma mágica muito grande e por isso eu acho que esse disco se tornou um clássico, tem discos que se tornam absolutamente clássicos; esse é um disco totalmente clássico na música brasileira, não tenha dúvida.

Depois disso você voltou a trabalhar com ele? Produzir disco, gravar disco, enfim.

Produzir o disco, nós estamos com uma ideia, ele estava me falando isso: "vamos fazer o *Quem é quem* número dois?", eu digo: "bora! Vamos pensar nisso aí. Só que eu quero fazer daquela maneira, bem pensado, você cantando, fazer um disco legal". Não fizemos ainda o segundo, fizemos uma música juntos, que provavelmente estará no meu próximo disco. Temos tocado pelo mundo afora, ele foi meu convidado na Austrália, ele foi meu convidado em Londres, ele foi meu convidado em Paris também, então a gente tem que estar sempre junto, fazendo coisas próximas e acho que a tendência, seria legal da gente, ou produzir um disco para ele ou mesmo nós gravarmos um disco juntos. Isso é outra ideia que as pessoas têm falado, porque como a gente tem uma semelhança de *grooves* e de poupar notas, a gente é mais de ir nas notas mais escolhidas. A gente tem muito a ver, então é possível, as pessoas perguntam e quem sabe a gente venha a fazer? Eu acho que o caminho seria esse, ou eu produzir um disco, ou a gente fazer um disco juntos.

Você falou em cinquenta anos de bossa nova, como você se situa, você e o Donato, dentro da bossa nova? Porque em 1973 a bossa nova já não era mais tão forte.

Olha o negócio é o seguinte, tanto a bossa nova do Donato, como a minha bossa nova, não são aquela bossa nova clássica digamos assim, a gente tem outras influências na música, por exemplo, o Donato tem as influências cubanas, que ele sempre tocou com aqueles músicos lá fora e que ele somou com a influência da bossa nova. A minha música também, eu estudei música desde cedo, música clássica desde cinco anos de idade e o que eu gostava era o baião, adorava o baião! Depois eu toquei acordeom, por causa de Luiz Gonzaga. Isso tudo, samba-canção, samba, tal. A bossa nova veio mais tarde e se incorporou de uma maneira forte, logicamente, com João Gilberto ganhou forma, mas ela se somou com as outras influências que eu tinha, como o João Donato também se somou às outras influências dele. Mas como a nossa bossa nova era uma bossa nova diferente, mesmo quando o movimento bossa nova e o nome bossa nova caíram e veio o Tropicalismo, essa coisa toda, as nossas influências continuam a fazer a gente seguir trabalhando. O lado pop, o lado baião, o lado cubano, a gente veio seguindo, a bossa nova sempre presente, mas a gente não dependia da coisa do movimento bossa nova, a gente tinha lá a nossa carreira. Nós não somos bossanovistas, nós também somos bossanovistas, mas nós temos várias outras influências, por isso que a gente veio vindo, veio vindo. Então hoje quando falam de Donato e, digamos, de mim também, é sempre uma bossa nova diferente, é uma bossa nova com outros toques e isso talvez é o que chame muita atenção lá fora das pessoas. Sabem que é uma bossa nova, mas com um *groove* diferente, tem uns balanços diferentes. Embora a gente venha desde aquele tempo, ele antes do que eu, mas fica um pouco como renovador da bossa nova, trazendo elementos novos, o que para mim é um orgulho e tenho certeza que para Donato também. Então a gente vai prosseguir fazendo coisas que tenham coisas da bossa nova, mas a gente está sempre aberto. Eu e Donato temos isso em comum, a gente está sempre aberto ao que está acontecendo e sempre está acontecendo coisa boa. Se você estiver atento, sem preconceito, se você estiver atento você acaba incorporando alguma coisa nova à tua música e que é bom, porque as gerações atuais e as futuras vão achar mais elementos pra se identificar com o trabalho que você continua fazendo.O

Lysias Ênio

Então, vamos falar do *Quem é Quem*. Falar da primeira parceria. Como é que ela nasceu? Que às vezes ser irmão não quer dizer nada! É pior do que não ser irmão, não é?

É verdade. A primeira parceria foi muito engraçada. Porque ela tem duas histórias. Tem a verdadeira e tem aquela que é mito. O João, quando voltou dos Estados Unidos em 72, foi convidado pela Odeon para gravar um disco. Instrumental, porque ele até então não tinha nenhuma música ainda com letras, ou tinha raríssimas. Então o Agostinho dos Santos aconselhou ele a cantar. Ele disse: "mas eu só sei fazer melodias". Ele disse: "não, pode deixar que eu arranjo os letristas". Então o danado foi lá na minha casa com uma fita de rolo e nós copiamos 6 ou 7 cassetes, que era a linguagem da época, pra distribuir para os letristas. Mas a matriz era a mesma, então todo mundo, à medida que ia ouvindo, foi produzindo aquilo aleatoriamente. Resultado: quando veio o dever de casa, existia música sem letra e existia melodia com várias letras. E "Até quem sabe", que foi a minha primeira música, minha primeira letra, no caso gravada, tinha umas quatro letras, incluindo a minha que não é a que foi pro vinil. Na noite que precedia a gravação dessa música, Donato e eu nos encontramos e ele disse que estava com um problema sério. Que ele tinha quatro letras. Aí, nesse momento, eu que queria que a minha fosse a selecionada. Porque essa coisa às vezes de irmão complica na composição. Eu no ato, isso é meio mitológico assim, mas eu escrevi o "Até quem sabe" psicografado, não sei como saiu. Entreguei pra ele. Ele olhou e disse assim: agora são cinco. E botou no bolso. No dia seguinte ele tira o papel do bolso, coloca na estante e foi a minha primeira gravação. Quer dizer, foi aquilo que eu digo para os amigos em tom de brincadeira: foi um gol de letra!

O João disse, não sei se é mito ou é verdade, que duas pessoas muito importantes aprovaram a sua letra antes dele escolher. Ele apresentou pro Boris Schnaiderman?
Ele apresentou pro Boris e apresentou pro Dorival Caymmi, que endossou... aí, endosso de Dorival. Puxa vida, eu me senti honrado com essa citação. O lado da brincadeira é que eu estava loucamente apaixonado, me despedindo, desfazendo um romance. E então dou aquela mensagem de uma certa esperança. "Até que um dia. Quem sabe até talvez", que o Boris achou um achado.

Verdade. E aí foi que ele se tocou, o João dizendo pra gente que você sabia escrever de fato, quando Dorival pegou a dele e falou: não, a minha é uma porcaria. Esse aqui, esse cara é um gênio! Agora falando de música. Você aprendeu a tocar algum instrumento? Como é que você compõe a letra, você recebe a música? Como é que é isso?
Olha, 90% das vezes eu faço as letras em cima das melodias.

Algum dia aprendeu a tocar algum instrumento?
Não, apenas como instrumentista, não, só para meu próprio lazer. Eu dedilho um piano muito arcaico e ruim. Toco um violão que o Carlinhos Lyra, quando ouve, fecha os ouvidos e vai por aí afora. Não, não, meu pai insistiu muito que eu aprendesse o instrumento, mas eu me envergonhava. Eu tinha vergonha de andar com violão na época em que o samba era coisa de malandro, o músico era, todo mundo usava pseudônimo para não envergonhar as famílias, porque músico não era uma profissão decente, como atriz, como qualquer coisa hoje. A mídia mudou isso de uma maneira muito salutar, até para o bem-estar do próprio homem que existe dentro do artista.

Hoje é objeto de desejo, né?
É verdade. Sem dúvida.

Que atividades você exerceu, Lysias? Antes e depois de lá pra cá?
Eu tenho a formação em economia e exerci essa profissão durante trinta e tantos anos. Mas sempre com a música ou a letra, ou a poesia ou voltada dentro de mim no meu lazer. Era mais um *hobby* ou diletantismo. Hojenão, hoje eu abraço a vida artística, tanto na parte musical, na parte cinematográfica de uma maneira mais profissional, mesmo porque o mercado de trabalho se encarrega de alijar pessoas acima, certa experiência.

Como você se tornou letrista? Quais são suas influências, quais são suas referências? Outros letristas, poetas? Enfim, da onde veio isso?
Veio da poesia. Antes de ser letrista, minha grande paixão foi a poesia. Literatura de um modo geral e a poesia em particular.

Então, foi aquele tal de copiar Cruz e Souza, Vinicius de Moraes, copiar meus ícones, não é? Até eu encontrar uma linguagem própria, eu acho que é o caminho do aprendizado. Antes de tudo a poesia veio na minha vida muito cedo.

Desde então acompanha a tua vida aí?

Sempre, sempre.

Então, voltando a falar das músicas lá do primeiro disco. Todas essas músicas, você ficou com o material, você ouvia, você foi compondo.

Exato.

Se eu não me engano entrou "Mentiras" e "Até quem sabe".

Entrou "Mentiras" e "Até quem sabe". Exato.

Somente essas. Por quê?

Veja bem, havia na equipe produtores e letristas. Vários nomes importantes como Paulo César Pinheiro, Geraldo Carneiro e outros, o próprio Marcos Valle. De sorte que, digamos assim, foi o que me coube naquela parte. Eu ainda fiquei muito gratificado. Porque estrear meu primeiro vinil, minha primeira gravação, e já ter duas faixas, não é? Existia uma terceira, que era "Amazonas", que eu fiz letra para ela, mas na ocasião ela foi tocada como instrumental. Foi uma faixa que o Donato resolveu fazer apenas um instrumental, como uma outra, também.

Essas foram as primeiras parcerias de vocês, ou pelo menos as primeiras parcerias "profissionais"?

Aconteceu o seguinte, Donato saiu do Brasil em 1959 e regressou em 1972. Ele me mandava as gravações feitas nos Estados Unidos. Mandava os vinis e através desses vinis, à medida que eu ia ouvindo, eu ia, já voltado pra linguagem da poesia, com a influência de Chico Buarque, de Caetano Veloso, de Gil, de tanta gente que escreve bem. Paulo Pinheiro, que é meu ícone. É uma referência muito grande que eu tenho, Paulo Pinheiro. Eu comecei a botar letras nos discos quase de brincadeira. Então, quando ele retornou dos Estados Unidos alguns anos depois, eu tinha umas quatro, cinco letras prontas para serem gravadas. Foi quando o Agostinho dos Santos sugeriu o disco com ele cantando. E ele então vai em casa, na minha casa, usar o meu material. Eu fiquei assim: espera aí, eu também quero um cassete pra mim! E apresentei algumas músicas que chegaram a ser gravadas.

Durante o processo de trabalho do *Quem é Quem*, que foi o primeiro disco do Donato cantado, vamos dizer assim. Porque antes era cantarolado. Ele sugeriu temas para os letristas. "Ó, nisso aqui vamos falar sobre isso. Nisso aqui vamos falar sobre aquilo". Ou não, vocês estavam livres?
Não, livres, livres pra criar. Livre imaginação. No caso de "Até Quem Sabe", ela tinha um nome: "You Can Go". Quer dizer, "você pode ir". Então eu realizei, peguei a descida do plano inclinado do título da música em inglês e arranjei uma história, que eu digo, você pode ir, mas a gente vai se encontrar um dia talvez, quem sabe. Foi mais ou menos sugerida pelo próprio título da música originalmente gravada como "You Can Go".

Isso veio normalmente, sem alusão a ninguém na hora que você compôs, fez a letra.
Na verdade, sim. Eu estava livre pra compor dentro da melodia, que aliás é meu processo de criação. Eu normalmente faço um monstro. À medida que eu vou ouvindo a melodia. Porque o im-

Quando a melodia está, como diria o Cole Porter, under my skin, é que a letra começa nascer espontaneamente. Não sei explicar, sei que toda música já tem letra. […] Donato costuma dizer que música não precisa de letra. A poesia também não precisa de música para ser recitada. Mas quando um intérprete coloca as palavras dentro da melodia e do ritmo daquela composição, fica insuperável porque fala mais diretamente às emoções humanas.

portante naquela fase seria pegar as tônicas musicais, as divisões silábicas que permito. Então vale qualquer coisa, até palavrão. Como um croqui, um gabarito. Então dentro, quando a melodia está, como diria o Cole Porter, *under my skin*, é que ela começa nascer espontaneamente, o alvo de uma inspiração, alvo de uma elucubração intelectual. Não sei explicar isso. Eu sei que toda música já tem letra. É como se você olhasse, procurasse qual é e encontrasse as palavras corretas. Quando dá esse encontro, porque o Donato costuma dizer que música não precisa de letra. A poesia também não precisa de música para ser recitada. Entretanto, se eu recito uma poesia com um fundo musical, torna-se muito atraente. E quando um intérprete coloca as palavras dentro da melodia e do ritmo daquela composição, a coisa então, fica insuperável porque fala mais diretamente às emoções humanas, não é?

Você se lembra das gravações desse disco? Você chegou a ir? Acompanhou?

Olha, foi a primeira vez não só que eu tinha uma música incluída num vinil, como também foi a primeira vez que eu entrei num estúdio de gravação. Então aquela parafernália me encantou. Aqueles botõezinhos, aquelas coisas todas. Eu não conhecia o processo que se fazia na gravação de um disco. Tinha apenas a velha noção do tempo do acetato, que usou, errou, joga fora e acabou.

E aí tem alguma história engraçada, você se lembra claramente de como foi a gravação?

Eu só me lembro de uma coisa. Que o último dia da gravação, que foi exatamente quando Donato colocou a letra de "Até quem sabe", eu não fui. Nesse dia eu não fui, porque eu não sabia qual das cinco ia ser a preferida. Então por uma questão de nervosismo, não sei o quê, eu não compareci. Marcos Valle é que me conta que Donato tira um pedaço de papel de pão. Daquele tempo que você embrulhava pão com papel pardo e aquele barbantinho. Foi ali, espontaneamente, que essa letra foi psicografada.

E hoje você acha que o sucesso de "Até quem sabe" te projetou como letrista? A partir daí?

Eu diria que sim. Eu diria que 35 anos depois e tendo sido regravada por tantos intérpretes a cada geração, a gente sente que fez uma música, uma letra... uma música, porque letra e música estão tão indissoluvelmente unidas que eu posso falar da música. Ao vê-la repetida nas vozes de cantores da nova geração, da novíssima geração. Ter sido trilha sonora de três novelas ou participar da trilha sonora de três novelas, já. A gente sente que fez uma música de importância. As pessoas que a conhecem sempre se dizem apaixonadas por ela, que já deram muita cabeçada na parede por minha causa. Que eu sou fomentador de bebidas e cigarros, porque ela induz a pessoa à nostalgia, talvez. Não sei, mas a maneira que eu quis dizer não era pra levar ninguém à tristeza, mas assim quem sabe uma esperança de que tudo possa se resolver um dia, num momento futuro, porque a gente não sabe o destino que foi traçado.

A partir daí você recebeu convites de outros músicos ou a fazer mais músicas? Como é que foi a vida a partir daí?

A partir daí, tenho hoje entre os meus parceiros, eu poderia citar Durval Ferreira, que se foi recentemente. Roberto Menescal, não é? Atualmente estou preparando uma letra pro Carlos Lyra e muitos outros que não são tão famosos assim, mas eu gostaria de citá-los. Eu vivi muito tempo em Pernambuco e lá tive contato com Henrique Ianes, com Alexandre Marroquim, com Jacinto Pinheiro, que são compositores e músicos locais com quem eu dividi palcos, e com quem eu dividi momentos de criação. E foi muito, muito gratificante pra mim.

Quantas parcerias você já fez com João Donato?
Oitenta.

Oitenta músicas. Ao longo da carreira sempre tem músicas nos discos, enfim, a partir dali veio?
Sim. A partir daí nós nos tornamos realmente parceiros. A partir daí sempre que ele tem a proposta de fazer um disco ou quando pretende ver a sua música cantada entre outros, ele também às vezes acha que aquela música em especial tem o meu jeitinho, sei lá. Ou ele acha que gostaria de receber os versos dentro daquela linguagem muito própria que nós temos só de uma simplicidade. Assim como ele é econômico nas notas, eu procuro não complicar as letras para as músicas de Donato. Às vezes me dá uma vontade muito grande, mas eu tenho que me conter mesmo por que, a música como que aprisiona de certa maneira você a fazer parte do triunvirato que já está formado. Já existe uma melodia, já existe uma harmonia, já existe um ritmo, a letra tem que ser um complemento. Deitar nessa cama e que o conjunto visual auditivo seja bonito, seja harmônico, homogêneo.

Dá pra viver de direito autoral hoje, Lysias?
Depende de onde. Na cidade?

No Brasil.
No Brasil dá. Dá, dá pra viver muito bem, se você é um *pop star* muito bem. Agora, digamos assim, se você é um letrista princi-

palmente, que não é instrumentista, que não é intérprete, que não se apresenta em shows, o direito autoral talvez não permitisse estar aqui bem pertinho, na Rocinha. Pertinho daqui, na Rocinha.

O que você, hoje, passados mais de 30 anos, o que você vê no Quem é quem? O quê você percebe no Quem é quem? Pra você e pra música brasileira?

Inequivocamente eu acredito que estar entre as gravações que Donato fez e talvez por ser a primeira; e a primeira dizem que a gente nunca esquece. Tem pra mim um sabor particular muito especial. Agora, se nós analisarmos o conjunto da obra, aquele momento em que Donato voltava dos Estados Unidos depois de 12 anos com influências jazzísticas e cubanas, muito forte, eu acredito que o disco é realmente uma boa escolha, um marco. Não porque eu participe dele, mas porque é um momento da carreira de Donato, pra mim um divisor de águas. Um divisor de águas muito importante.

O disco ficou? O disco pra você ficou datado?

É um clássico, eu diria que não só na carreira de Donato, mas na história da MPB, não é, é um registro muito interessante. Porque há uma controvérsia muito grande de Donato e a bossa nova. Na minha opinião, Donato não participou da bossa nova. Ele quando muito terá sido um inseminador artificial quando quebrava o samba com harmonia jazzística aqui. Inclusive era proibido de tocar nas boates, porque ninguém suportava ainda. O ouvido não estava acostumado àquelas harmonias um tanto quanto ousadas pra época. Então quando ele vem com *Quem é quem*, me parece que ali ele sedimenta uma nova fase, que não chega a ser representativa como movimento, mas como um momento da música brasileira onde há uma fusão do samba-jazz-afro, que teve várias ramificações. Pro axé, pro samba-jazz e muitas coisas surgiram, talvez desse momento do *Quem é quem*. E Donato prova nesse disco também uma coisa, "quem é quem" no disco.

Hoje o Donato, e consequentemente todos vocês que participaram desse projeto, é um cara cultuado. Ele ficou *cult*. Todo mundo quer gravar, todo mundo quer ver. Enfim, o que que você acha disso? Trinta anos depois, ele se tornou um cara cultuado. Tornou-se o cara, economicamente, por fazer tudo o que todo mundo achava estranho na década de 1970. O que você acha disso?

Olha, eu acho que isso faz parte da dialética da música. Veja bem, o rock também foi repudiado, foi proibido. E no entanto, o rock fez uma carreira muito importante na vida do mundo, não se pode negar. O que aconteceu com Donato também foi isso. Quer dizer, no momento em que nascia a bossa nova no Brasil por exemplo, ele migra pros Estados Unidos, onde permanece 12 anos. Então ele não participa da segunda geração, talvez. Porque na primeira eu vou encontrar Johnny Alf, eu vou encontrar Lúcio Alves, eu vou encontrar até Noel Rosa, que dentro daquela sua batida melódica, quando eu escuto os "Três apitos" e quando eu ouço Mário Reis, eu vejo que aquilo já era, dentro da velha guarda ou da velha bossa, uma bossa nova. Quer dizer, não existe esse momento de uma gestação de nove meses e um parto. A coisa é dialética, ela é pluriforme, ela vai acontecendo aos poucos. E nesse acontecendo aos poucos Donato e outros músicos brasileiros foram muito influenciados pelo jazz. E o jazz ainda não era, a não ser para os apreciadores, uma música de consumo fácil no Brasil. Daí porque ele demorou tanto a chegar a esse reconhecimento.

E outro lado também é que o Donato, de certa maneira, goza de uma liberdade interior, de uma liberdade de pensamento e de expressão que nem sempre acompanha as ideias da mídia. Isso também é outro ponto a ser considerado, me parece na carreira do Donato, que hoje atinge talvez o ponto culminante. E que eu acho que depois de tantos anos de carreira, ele hoje tem o reconhecimento não só no Brasil como mundial, como dos grandes compositores, como dos grandes maestros, como dos grandes músicos brasileiros.

No Som do Vinil, cobrimos dezenas de discos, desde do rock, passando por todo mundo aí. E em grandes discos há influência do jazz direto. No *Clube da Esquina*, por exemplo. Você conversa com Toninho Horta, com Nelson Angelo, todo mundo... porque a gente jazz e tal... aí João Donato: jazz, música cubana... Então, vou te fazer uma pergunta. Você acha que aquela batida do João Gilberto, tinha ali sedimentado um pouco de jazz também, que foi "o pai" ou "mãe"...

Eu acho que a bossa nova tem muitos pais e mães desconhecidos. Existem momentos marcantes. Em 1958, se não me engano foi o disco de Elizeth Cardoso [*Canção do amor demais*] que leva duas faixas com a batida, que identifica o registro fonográfico de uma nova onda que já existia. Assim como é discutível, se "Pelo telefone" é realmente o primeiro samba gravado. Não, me parece que não é. A história conta que já havia gravações nos meios da época de outros sambas. Então, a bossa nova, nada nasce de um momento para outro. Eu vou buscar as raízes da bossa nova em Noel Rosa. Não só pela maneira das críticas que ele fazia, do deboche social, da leveza que ele às vezes colocava na música, como também de um rascante que não tinha tamanho. Dali, desse momento em diante, com Mário Reis. Mário Reis cantando e João Gilberto cantando me parece que, sem querer comparar valores, absolutamente, mas Mário Reis já era um cantor de bossa nova. Pela sua colocação quase que recitativa, não é? Então o João marca, o João Gilberto marca, mas alguns dizem que ele procurou fazer os tamborins de acompanhamento nas cordas do violão, teria surgido isso. Existem muitas e muitas histórias da bossa nova. O

INDÚSTRIAS ELÉTRICAS E MUSICAIS FÁBRICA
TODOS OS DIREITOS DO PRODUTOR FONOGRÁFICO E DO

SBRXLD-12.410

QUEM É QUEM
JOÃO DONATO

1 - CALA BOCA MENINO (Dorival Caymmi) 2:25
2 - NÃNA DAS AGUAS (João Donato-
     Geraldo Carneiro) Ed. Templo - 2:23

ESTEREO   Lado 2
           ℗ 1973

3 - ME DEIXA (João Donato-Geraldo Carneiro) 2:18
4 - ATÉ QUEM SABE? (João Donato-
     Lysias Enio) 2:12
5 - MENTIRAS - Participação esp. de Nana Caymmi
     (João Donato-Lysias Enio) 4:24
6 - CADÊ JODEL (João Donato-
     Marcos Valle) 2:06

(P) 1973 - ODEON - BRASIL

SMOFB-3785

INDÚSTRIA BRASILEIRA

© Charles Gavin, Canal Brasil; © Desta edição, Ímã Editorial

Direção geral Charles Gavin
Coordenação Luis Marcelo Mendes
Edição Julio Silveira
Projeto gráfico Tecnopop
Revisão Monica Ramalho
Fotos Thiago Barros
Transcrição Rosa Wippel

Agradecimentos especiais a
Paulo Mendonça • André Saddy • Carlinhos Wanderley
Catia Mattos • Canal Brasil • Darcy Burger • André Braga
Bravo Produções • Gabriela Gastal • Gabriela Figueiredo
Samba Filmes • Zunga • Yanê Montenegro
Oi • Secretaria de Cultura Governo do Rio de Janeiro

> D677 Donato, João, 1934—
> Quem é quem (1973) : João Donato : entrevistas a
> Charles Gavin / Entrevistas de João Donato, Lysias Ênio
> Marcos Valle e Laércio de Freitas a Charles Gavin. —
> Rio de Janeiro: Ímã | Livros de Criação, 2014.
> 118 p. : il. ; 21 cm. — (O som do vinil).
>
> ISBN 978-85-64528-65-9
>
> 1. Música popular — Brasil — História. 2. Músicos
> — Entrevista. I. Valle, Marcos, 1943-. II. Gavin, Charles,
> 1960-. III. Título
>
> CDD 782.421640981
> CDU 784.4(81)

Produzido no Rio de Janeiro em 2014, 80º aniversário de João Donato.
O projeto empregou as tipologias FreightText e FreightSans.

o

ímã

Ímã Editorial | Livros de Criação
www.imaeditorial.com